DATA JOURNALISM
数据新闻实战

数字时代的新闻传播新范式与新方法

灵境蓝图

蒋丹彤
高彦杰
编著

全国百佳图书出版单位
化学工业出版社
·北京·

内容简介

《数据新闻实战：数字时代的新闻传播新范式与新方法》是一本面向数据新闻行业的技术类图书，内容包含数据新闻策划、制作等数据新闻业的专业知识，具体涉及数据新闻传播理论与方法、数据采集、数据处理与分析、数据可视化、人工智能等学科知识，并结合大量国内外媒体的实践案例，为读者理清知识脉络、提供技术方法。同时，详细解读使用相关软件工具的步骤与技巧，手把手指导相关从业人员制作出好的数据新闻。

本书内容力求丰富翔实、操作清楚明了、案例典型丰富，为数据新闻从业者制作数据新闻提供有力的理论、方法与实践的参考。

图书在版编目（CIP）数据

数据新闻实战：数字时代的新闻传播新范式与新方法/蒋丹彤，高彦杰编著. —北京：化学工业出版社，2023.6
ISBN 978-7-122-42754-0

Ⅰ.①数… Ⅱ.①蒋…②高… Ⅲ.①数字技术-应用-新闻学-传播学-研究 Ⅳ.①G210-39

中国国家版本馆CIP数据核字（2023）第029783号

责任编辑：雷桐辉
责任校对：王　静
装帧设计：尹琳琳

出版发行：化学工业出版社
　　　　　（北京市东城区青年湖南街13号　邮政编码100011）
印　　装：中煤（北京）印务有限公司
710mm×1000mm　1/16　印张13¾　字数204千字
2023年6月北京第1版第1次印刷

购书咨询：010-64518888
售后服务：010-64518899
网　　址：http://www.cip.com.cn
凡购买本书，如有缺损质量问题，本社销售中心负责调换。

定　　价：89.00元　　　　　版权所有　　违者必究

前言

随着大数据与人工智能时代的到来,信息技术不断渗透到社会的各个领域,并沉淀了海量的数据,掀起了以"数据"为支撑的技术革命浪潮。越来越多的应用被数据驱动,新闻也不例外,越来越多的新闻中以客观、翔实和直观的可视化图表展示观点与结论,这背后正是数据新闻这一新兴交叉学科的发展所产生的效果。同时,互联网的发展改变了传统新闻与读者的交互模式、新闻的获取方式,甚至是创作模式,越来越多的新闻素材建立在海量的数据基础之上,并通过互联网应用触达个性化用户。我们迫切需要一种方式能够高效加工新闻中的数据、文本等素材,以读者短时间内在手机等移动端上就可以快速理解的形式呈现结论和论据,甚至利用互联网丰富的交互模式让读者能参与新闻的互动,从而形成反馈。数据新闻这一新闻与数据科学的交叉学科应运而生。作为时代变革的观察者、记录者、参与者,新闻传媒业经历了新一轮的颠覆与重构,实现了数据、技术与新闻生产的融合,形成的新型报道形态——数据新闻,开始在国内外全面开花,并在新技术与互联网赋能下不断丰富发展。

目前,国内外各大新闻媒体都对数据新闻开展了积极探索,新闻从业者需要掌握新闻传播采编业务、计算机编程、数据采集、数据处理与分析、数据可视化、人工智能等多学科知识背景。由于数据新闻本身属于文理交叉学科,其中涉及的知识面广,不仅涉及新闻传播理论与方法,还涉及大量数据科学中的技术内容,因此,学好及应用好数据新闻面临巨大的挑战。例如,什么样的新闻主题适合制作数据新闻?如何用实用、主流的软件工具制作数据新闻?数据新闻制作的全流程是什么样的?国内外主流数据新闻媒体的最佳实践与案例有哪些？为了更好地回答以上问题，笔者编写了本书，希望读者通过对本书的学习，能形成较为完整的知识体系，迈出数据新闻创作的第一步，并在未来还能将此书当成工具书进行查阅。

　　本书共分为11章。第1章数据新闻概论，主旨在于厘清数据新闻概念，梳理数据新闻的发展脉络，明晰其基本特征及主要形态，并对国内外代表性媒体的发展现状进行介绍。第2章数据新闻特征与功能，从数据新闻的特征和功能两个方面进行分析介绍，在与传统新闻的对比中明晰数据新闻的特点和优势，以更好地实现新闻传播的价值。第3章数据新闻选题与策划，聚焦新闻内容，探索适合通过数据新闻方式进行呈现的主题，通过具体技术手段，真正发挥数据新闻的优势和价值。第4章数据新闻制作与传播，从搜集数据、清洗数据、数据可视化、数据新闻制作四个步骤直观细致地介绍数据新闻生产流程。第5章数据新闻中的计算机技术，分别对数据采集、数据分析与挖掘、可视化等数据新闻制作环节中使用到的计算机技术进行概要介绍。第6章数据采集，聚焦数据从何而来、数据如何采集和获取、数据采集方式是否合规等问题，介绍如何通过爬虫、搜索引擎、公开数据集等方式获取数据新闻制作的基础"原油"。第7章数据分析，通过典型案例，直观介绍Python等数据新闻工具与数据分析环节常见的一些典型场景。第8章数据可视化，通过典型案例，直观介绍Power BI、Excel、Web等数据新闻可视化中的典型场景和工具。第9章人工智能与大数据，通过典型实例，介绍自然语言处理和大数据文本分析如何让数据新闻受益。第10章数据新闻案例与分析，详细介绍数据新闻典型案例。第11章数据新闻机构与媒体分析，介绍数据新闻的国内外代表性机构和典型案例，详细介绍数据新闻业界典型作品。

本书力求内容丰富翔实、操作清楚明了、案例典型丰富，真正为数据新闻从业者制作数据新闻提供有力的理论、方法与实践的参考。在本书编写过程中，参考了国内外诸多学者和新闻从业者的相关著述，结合了大量国内外媒体的数据新闻实践案例，为本书的理论梳理、技术阐述、素材分析提供了重要基础和支持。

编著者

目录

第1章 数据新闻概论 001

1.1 数据新闻的概念 002
1.2 数据新闻的发展历程 004
1.3 数据新闻的发展现状 006
1.4 舆情分析与数据新闻 009
1.5 代表性数据新闻媒体发展现状 010
    1.5.1 国外代表媒体 010
    1.5.2 国内代表媒体 012

第2章 数据新闻特征与功能 015

2.1 数据新闻与传统新闻 016
2.2 数据新闻的特征 018
2.3 数据新闻的功能 021

第3章 数据新闻选题与策划 023

3.1 数据新闻选题 024
    3.1.1 社会热点新闻 024
    3.1.2 经济主题新闻 024
    3.1.3 体育主题新闻 025
    3.1.4 民生主题新闻 025
    3.1.5 教育主题新闻 026
3.2 数据新闻策划 026
    3.2.1 基于数据的策划 026
    3.2.2 基于新闻事件的策划 027
    3.2.3 基于主题的策划 027

4.1	搜集数据	030
4.2	清洗数据	031
4.3	数据可视化	031
4.4	数据新闻制作	032
4.5	数据新闻传播	033

第 4 章　029
数据新闻制作与传播

5.1	数据采集概览	036
5.2	数据分析与挖掘	039
5.3	数据可视化概览	041
5.4	人工智能与大数据	042

第 5 章　035
数据新闻中的计算机技术

6.1	互联网数据抓取与爬虫	046
	6.1.1　开源爬虫	046
	6.1.2　闭源付费爬虫	055
6.2	搜索引擎高级语法	058
6.3	元数据搜索	064
6.4	公开数据集下载	066
6.5	数据采集法律与法规	067

第 6 章　045
数据采集

7.1	基于 Python 的数据分析	072
	7.1.1　数据探索	074

第 7 章　071
数据分析

7.1.2	词云	079
7.1.3	图数据可视化分析	083

7.2 相关性因素分析　　086
  7.2.1　过滤式　　087
  7.2.2　封装式　　089
  7.2.3　嵌入式　　089

第 8 章　数据可视化　　093

8.1 基于 Power BI 的数据可视化　　095
  8.1.1　数据读取　　096
  8.1.2　条形图和柱形图　　098
  8.1.3　卡片　　103
  8.1.4　折线图　　104
  8.1.5　组合图　　105
  8.1.6　环形图与饼图　　107
  8.1.7　散点图　　108
  8.1.8　分区图　　109
  8.1.9　漏斗图　　110
  8.1.10　仪表盘　　111
  8.1.11　矩阵　　112
  8.1.12　切片器　　113
  8.1.13　树状图　　114
  8.1.14　表　　116
  8.1.15　独立图像　　117
  8.1.16　彩色地图　　117
  8.1.17　构建一个数据新闻模板　　118

8.2　基于 Excel 的可视化　　120
8.3　基于 Web 技术的可视化　　122
　　8.3.1　HTML，CSS 和 JavaScript　　122
　　8.3.2　ECharts　　126

第 9 章　人工智能与大数据　　131

9.1　自然语言处理　　132
　　9.1.1　分词　　134
　　9.1.2　文本向量化　　136
　　9.1.3　文本分类与情感分析　　143
　　9.1.4　文本聚类技术　　145
　　9.1.5　更多样的自然语言处理任务　　148
9.2　大数据文本数据分析工具概览　　149
　　9.2.1　基于 PySpark 的大规模文本数据分析与预处理　　150
　　9.2.2　舆情监测平台简介　　153

第 10 章　数据新闻案例与分析　　157

10.1　新华网：【数·百年】看高等教育从"大国"向"强国"迈进　　158
　　10.1.1　正文视频动态图表展示动机和历史　　158
　　10.1.2　桑基图展示高校数量分布与层级　　159
　　10.1.3　高校毛入学率极坐标图（Polar Chart）展示　　162
10.2　新华网：冬奥小课堂｜陆续发布！记住北京 2022 年冬奥会的这些元素　　164
　　10.2.1　单栏图展示　　164

10.2.2　按顺序展示元素　　　　　　　　　　164
　　　10.2.3　社交媒体分享　　　　　　　　　　　165
10.3　新华网：【数·百年】守护世遗瑰宝 贡献中国力量　166
　　　10.3.1　新闻正文概览　　　　　　　　　　　166
　　　10.3.2　分区图呈现世界遗产的新增数量　　　168
　　　10.3.3　径向树状图构建中国世界遗产概况　　168
　　　10.3.4　世界和中国自然遗产和双遗产保护对比　172
　　　10.3.5　极性图展示全国文物机构观众人次　　173
10.4　澎湃：数说上海公园｜公园总量5年翻了一倍　174
　　　10.4.1　新闻正文概览　　　　　　　　　　　174
　　　10.4.2　交替使用真实视频与动画　　　　　　175
　　　10.4.3　旭日图展示公园类型　　　　　　　　176
　　　10.4.4　公园地理位置分布　　　　　　　　　179
　　　10.4.5　公园地理位置分布热力图　　　　　　179
10.5　澎湃：数说冬奥｜9金创纪录收官，
　　　回顾42年中国冬奥夺牌历程　　　　　　　　180
　　　10.5.1　新闻正文概览　　　　　　　　　　　180
　　　10.5.2　冬奥会金牌项目分布　　　　　　　　180
　　　10.5.3　获得奖牌最多的运动员/组合　　　　183

第 11 章　数据新闻机构与媒体分析　185

11.1　财新网数字说　　　　　　　　　　　　　　187
11.2　网易数读　　　　　　　　　　　　　　　　188
11.3　谷雨数据　　　　　　　　　　　　　　　　190
11.4　新华网数据新闻　　　　　　　　　　　　　192

  11.4.1 新华网数据新闻简介 192
  11.4.2 数据新闻叙事特征 194
 11.5 搜狐数字之道 194
  11.5.1 搜狐数字之道简介 194
  11.5.2 数据新闻编辑的岗位要求 195
 11.6 澎湃美数课 196
 11.7 国外数据新闻机构 201
  11.7.1 英国卫报 201
  11.7.2 纽约时报 201
  11.7.3 华盛顿邮报 204
  11.7.4 数据新闻网 205
  11.7.5 谷歌新闻计划 205

参考文献 208

第 1 章

数据新闻概论

数据新闻，也称数据驱动新闻，是新闻与技术的整合，伴随数据时代到来并进一步发展，是基于数据的抓取、挖掘、统计、分析以及可视化呈现的新型新闻报道形态。它起源于西方新闻业，其出现是数据技术对新闻业全面渗透的必然结果，并在一定程度上改变了传统新闻生产流程。

本章旨在厘清数据新闻概念，梳理数据新闻的发展脉络，明晰其基本特征及主要形态，并对国内外代表性媒体的发展现状进行介绍。

1.1 数据新闻的概念

数据新闻并不是近几年出现的一个新概念，对其最早的表述是在2006年的一次媒体组织论坛中，《华盛顿邮报》的软件开发人员兼Every Block网站创建人阿德里·哈罗瓦提（Adrian Holovaty）做了名为"报纸网站变革的一种基本方法"的演讲中，率先提出了"数据新闻"的理念，认为"报纸应该结束以叙述故事为核心的世界观"，提倡媒体应通过计算机处理原始数据，为公众社会提供更有价值的报道，使之更深刻地理解世界。但并未明确提出"数据新闻"这一概念。

数据新闻理念提出后，新闻业界逐步接受"数据新闻"的理念，并进行相应的实践尝试。西方主流报纸和一些独立新闻机构设立了专门的团队来设计一些新型的新闻应用，即运用各种技术软件来抓取、处理、分析和形象化呈现数据，数据呈现方式包括可视化新数据图、互动图表和网络在线演示等，开启了数据新闻实践的新纪元。2009年，英国《卫报》成立了首个数字新闻部。但是在新闻业界开始运用数据新闻理念后的很长一段时期，其理论研究都没有深入。

随着大数据时代的到来，数据新闻实践得到快速发展，关于数据新闻的学术理论研究也逐步增加。对于数据新闻的概念，开始有了多种界定。最具代表性的事件是2010年8月，在荷兰阿姆斯特丹召开的标志性会议，正式提出了"数据驱动新闻"概念，来自业界的数据新闻工作者们交流了从事数据新闻的相关经验，对其概念进行了初步诠释。《德国之声》记者墨科·劳伦兹（Mirko Lorenz）提出

"数据新闻是一种新闻流程,主要包括抓取、筛选和重组,过滤掉无用信息,并通过可视化方式呈现新闻故事。"

2011年1月,NICAR(National Institute for Computer Assisted Reporting,美国计算机辅助报道协会)大会将数据新闻定义为:数据新闻是在计算机辅助报道的基础上,从技术角度对新闻业再度推进,即计算机辅助报道。同年,由欧洲新闻学中心和开放知识基金会共同编写的《数据新闻手册》(The Data Journalism Handbook)(见本章末二维码中链接1.1)是全球第一本专门探讨数据新闻的著作,该书试图解释什么是数据新闻、数据新闻的创作方式和一些经典案例,是数据新闻研究的奠基之作。书中对数据新闻做了如下定义:"数据新闻,简而言之就是用数据处理的新闻。与其他新闻形式的不同之处在于,数据新闻把传统的新闻敏感性和有说服力的叙事能力与海量的数字信息相结合,创造了新的可能,能够帮助新闻工作者通过信息图表来报道一个复杂的故事。"该概念后来被学者们广泛使用。

国内学者在国外关于数据新闻的相关概念的基础上,加上自己的理解,对数据新闻的概念进行了整合界定。李希光将数据新闻定义为在多学科技术手段条件下,把庞大的数据集中在不同变量的复杂关系及其与整个社会发展的关系上,用视觉语言向公众展示,以这种更客观更友好的报道方式激发公众对公共事务的探讨和参与。文卫华、李冰对数据新闻的概括是,数据新闻形式上以图表数据为主,文字为辅;实践上,记者通过对数据进行统计、分析、挖掘等,或从海量数据中发现新闻线索、拓展新闻主题,最后将数据用可视化技术,以形象化、艺术化方式呈现,为读者提供系统客观的报道和良好的阅读体验。方洁对数据新闻的界定则从狭义和广义两方面解读,认为从狭义上看,数据新闻是基于数据的抓取、挖掘、统计、分析和可视化呈现的新型新闻报道方式;从广义上看,数据新闻是在大数据时代新闻学发展形成的新领域,它代表未来新闻业发展的一大方向。之后,又进行了修改和完善,认为数据新闻是"一种运用计算机程序对事实资料和统计资料进行采集、分析和呈现的量化报道形式,也指一种通过上述方式生产的新闻品类。"

综上所述可以看出,国内外关于"数据新闻"的定义众说纷纭,但基本内涵相去不远,即是将数据和数据技术应用于新闻生产,并挖掘数据背后的深层意义,以可视化技术呈现的一种新闻报道类型。

1.2 数据新闻的发展历程

数据新闻虽然是一个近年来的新生概念,但数据在新闻报道中运用的历史却由来已久。1786年,苏格兰工程师、政治经济学家威廉·普莱菲(William Playfair)出版了《商业与政治图解》一书,书中绘制了44幅图表来解释经济统计数据。1821年5月5日,《卫报》(当时名为《曼彻斯特卫报》)在头版新闻"曼彻斯特在校小学生人数及其年平均消费"中用数据表格的形式呈现了曼彻斯特和索尔福德地区每所学校的学生人数和平均学费,简洁明了地呈现了当地政府运用错误数据制定的教育和社会扶贫政策不能满足当地社会实际需求的社会问题,这份数据表是对原始数据进行简单数据整理和分析后得到的。这是世界历史上在报纸上刊登图表的最早记载,也被视为该报最早的数据新闻。此后,报纸中含有数据图表的报道多次出现。到19世纪后期,新闻中运用数据已变得习以为常。但是,此时的数据图表更多作为辅助新闻报道的背景材料而存在。

数据在新闻报道中真正被视为主角是从"精确新闻"和"计算机辅助新闻报道"的兴起开始的。新闻人开始通过计算机辅助分析去探索新闻背后的真相。1952年,美国哥伦比亚广播公司率先使用一台大型计算机进行统计运算来预测总统的大选结果。20世纪60年代,随着美国民意调查业兴起,北卡罗来纳大学的菲利普·迈耶(Philip Meyer)教授提出,记者在采访时,可以采用社会科学的研究方法,包括调查法、内容分析法、田野调查等,收集资料、查证事实,并将研究成果用于新闻报道。将社会调查统计方法与计算机数据分析技术相结合,创造出了一种新的报道样式,即精确新闻。1973年,菲利普·迈耶出版了《精确新闻报道——记者应掌握的社会科学研究方法》一书,明确提出精确新闻是"将社会科学研究方法应用到新闻实践中",认为"抽样、计算机分析和统计推断等工具,在不改变记者的核心使命发现事实、理解事实、及时解读事实的情况下,提升了他们的传统力量。"记者通过调查和内容分析等科学方法和计算机辅助技术的应用来保证新闻的准确、客观、中立。

在新闻报道朝向科学化和精确化发展的同时，计算机技术也逐步应用于社会调查和政府数据库建设中。这一历程包括：从20世纪50年代的使用大型机处理政府数据库、发现和调查新闻事实的第一阶段，到1970～1980年代通过PC机普及、商业和政府数据库的进一步开放，形成的"以新闻报道为目的，对任何计算机化的信息来源的处理和使用行为"的第二阶段，再到20世纪90年代中期以后利用互联网进行新闻采集、分析和制作的第三个阶段。计算机辅助报道强化了新闻报道的技术导向，是使用计算机来辅助收集和处理信息的新闻报道方式。安德森（CW Anderson）将计算机辅助报道定义为"算法的、社会科学的和精确的报道形式"，在这个定义下，算法开始与新闻相结合，并为后来计算新闻学的兴起做了铺垫。

进入20世纪90年代，信息量开始呈现爆炸式增长，互联网的出现促进了信息的高速传播，社会进入高速发展阶段。"大数据"一词最早在美国社会思想家Alvin Toffler的《第三次浪潮》书中提出。麦肯锡称"数据，已经渗透到当今每一个行业和业务职能领域，成为重要的生产因素。人们对于海量数据的挖掘和运用，预示着新一波生产率增长和消费者盈余浪潮的到来。"在这个充斥着海量数据的时代，一切皆可被量化，因而维克托·迈尔·舍恩伯格提出"世界可以通过数字和数学而获得解释"，互联网中充溢着海量数据，标志着大数据时代的到来。

随着互联网的发展和在大数据思维的影响下，许多机构、公司开始对大数据爬取、导入、整理、分析等技术处理进行探索和开发，相应工具、软件相继研发出来。互联网的发展，使新闻媒体可以在最短时间内收集有效数据，为制作数据新闻做准备。这些大数据技术工具可以帮助新闻人挖掘数据背后的价值和信息，为新闻实践提供了新的思路和内容资源，提供可视化呈现技术支持，这些都为数据新闻出现提供重要驱动力。

随着互联网技术的发展，以开放源代码、信息共享和自由使用为理念的开源运动兴起，这一运动带动了全球"开放数据"运动的蓬勃发展。全球开放数据运动从美国正式开始。2004年，美国普林斯顿大学的一名本科生创办了首个民间公开数据的网站GovTrack.us，帮助人们获取美国国会的相关数据。2009年1月，时任美国总统奥巴马签署了《开放透明政府备忘录》，同年美联邦政府发布《开放政府令》，推出Data.gov公共数据开放网站，全球开放数据运动由此展开。2011年9月，巴西、印度尼西亚、墨西哥、挪威、菲律宾、南非、英国、美国八个国家联合签署《开放数据声明》，成立开放政府合作伙伴组织（OGP，open government partnership）。各国政府为开放数据努力，建立政府开放数据门户公开数据、企业和非官方机构统计的对外开放数据以及媒体自建数据库，共同组成了强大的数据池，为数据新闻的产生与发展提供了重要基础。

在"计算机辅助报道"发展的基础上，大数据的时代背景下，互联网技术和海量数据的获得对新闻业再度推进，2011年1月的NICAR大会上，学者们普遍认为"计算机辅助报道"这一概念已经无法阐述这个行业的实践，"数据新闻"这一概念首次公开提出。自此之后，"数据新闻"被全世界的新闻从业者广泛使用。

1.3　数据新闻的发展现状

数据新闻概念开始快速普及后，《卫报》《纽约时报》《华盛顿邮报》等西方著名媒体越来越重视对数据新闻的实践，掀起了数据新闻浪潮，数据新闻成为了新闻制作的一大热门选择。

国内数据新闻的发展与国外几乎是同步的。2011年搜狐推出了"数字之道"栏目，率先试水数据新闻。紧接着，网易、新浪、腾讯等门户网站在接下来的一年中先后推出"数读""图解新闻""数据控"等数据新闻栏目，进行专业的数据报道。2013年，新华网、人民网等重点新闻网站也开始探索创立数据新闻栏目，成立数据新闻团队，其中新华网设立了数据新闻部，人民网成立了要闻可视化组，进行专业的数据新闻制作。

在各大网站数据新闻发展得如火如荼的同时，传统媒体也开始进行数据新闻试水。2012年5月，《南方都市报》开设"数读"版，后改名为"数据"版，正式发表。2012年9月，《新京报》开设"新图纸"版面，大量使用、解读新闻数据,并于2013年8月在官网专门开设《图纸》栏目刊载发布数据新闻。

可以说,自2012年开始,数据新闻在国内得到了迅速发展。大型主流媒体对数据新闻的应用频繁而日趋专业,财新网《数字说》、澎湃《美数课》等数据新闻栏目都给出了不俗的表现。2014年1月25日,中央电视台《晚间新闻》栏目播出了"据说春运"报道,以数据新闻的形式报道了对中国人具有特殊意义和影响力的春运,开启了"据说"系列报道。之后,"据说两会""据说春节"等栏目相继推出,通过大数据来阐释新闻,通过图表数字来呈现新闻。央视正式开启了数据新闻在电视上的应用。

除了专门设立数据新闻栏目外,各大媒体也开始尝试使用数据新闻形式进行新闻制作和报道。国内的数据新闻作品也从早期以图文结合的方式呈现新闻逐渐发展成熟,在数据新闻的探索和发展中,逐渐形成了鲜明特色。新闻媒体内部开始组建专业的数据新闻制作团队,大多涵盖新闻采编人员、数据分析师、设计师、程序员等四类专业人才,进行新闻采编、数据爬取、数据分析、美术设计、动画制作等工作,为数据新闻的可视化提供了数据和技术支撑。其中,新闻采编人员负责项目选题策划、文案稿件撰写等,数据分析师负责数据挖掘、整理等数据处理,设计师负责将数据以可视化的形式呈现等页面设计,程序员负责编写程序和制作可视化作品等。数据新闻团队的组建在一定程度上保证了数据新闻制作的专业性和规范性,涵盖了数据新闻生产的全链条,形成较为完善的数据新闻制作流程体系,成员间职能分工明确,但是缺乏多专业融合和复合型人才的问题仍需得到进一步解决。

随着数据新闻在不同媒体呈现井喷式增长,走过急速上升期后,数据新闻从2017年开始降温,开始出现了数据新闻栏目停办、缩减数据新闻团队规模,或者降低数据新闻发布频率等情况,业界将这一现象解读为"回归理性"。回归新闻理性和新闻本源,不再执着于可视化的炫技和炫目,放弃跑马圈地式的盲目拓展,而是选择最简单、最适合的方式辅助新闻内容表达,选择最合适、最有价值的内容去使用数据新闻形式,真正认识到数据新闻的价值与特点,回归挖掘新闻价值的始初,数据新闻作为一种内容呈现形式向更深入发展。

随着5G时代的到来,数据新闻得益于软硬件技术的迅速提升,在利用新技术方面一直走在前列，并逐渐走向成熟阶段，新技术的更迭不断赋能数据新闻生产。数据科学在视频、图像、文字和语音等方面的处理和分析出现重大技术突破，智能技术和5G通信让算法与视频传播成为重要形态，VR/AR技术和无人机将成为数据新闻和题材的呈现媒介，软件定义媒体、数据驱动新闻、算法重构渠道将形成新的数据新闻空间。比如，在2020年的两会报道中，央视网就推出国内首个集智能对话、语音交互、社交分享于一体的时事AI产品——《对答如流·两会"智"通车》，该产品以"新闻+人工智能+移动交互"的新颖模式带用户了解"全国两会"热点话题，与用户机"智"对答，帮助用户看清大势、知晓国事、了解"家"事。产品中的AI人"小智"，突破主播播报方式，突出人机互动应用，以精心的交互设计，吸引用户在动脑、动嘴、动手的游戏化场景中接受和感知信息，从而以全新的传播形态和平实、通俗、趣味的表述方式，为用户阐释中央精神、解读工作报告、回应百姓关切。此外，央视网依托"人工智能编辑部"，应用人工智能与大数据元素，以媒体关注热度、央视网指数、高频词等维度对《政府工作报告》进行深入解读分析，实现了时政内容可视化与呈现风格多元化的统一，增强了内容的权威性和可读性。

从2016年起，VR开始在国内各个行业迅速发展，其进入到新闻学领域后，催生了虚拟现实新闻，影响了数据新闻的制作。2016年，财新传媒作品《洪水暴至》在国内开启了VR+数据新闻报道的先河。通过VR技术将单纯的文字图表和视频载体扩展到视觉、听觉、触觉等全方位的感官体验，重构了受众群体的信息感知结构，并冲破了时间和空间的限制，让用户在虚拟环境中与数据场景产生互动，可以使数据新闻的报道更加深入，直观体验数据对新闻的影响。例如，美国《华尔街日报》报道美国股票泡沫时也利用了VR+数据新闻的形式，作品大概的内容是把折线图的表现形式植入到VR系统中，让观众以"坐过山车"的形式感受美国股票在20年时间里的跌宕起伏，让受众能够感受到由于股票指数的变化而引起的受众心理反应，当指数下降时受众的内心是焦虑不安的、紧张的感觉。作品在指数变化的峰值和峰谷处有文字说明，对数据进行解释，受众可以在VR系统中不同的节点处进行停留，观看数据的变化，同时可以和数据进行交互。VR数据新闻就是使用三维建模制成VR可视化应用场景，场景中的模型可以跟随数据的变化而变化，实现数据和VR系统完美结合。未来数据新闻会实现虚拟现实内容实时创作、编辑、交互、合成，并实现VR内容的快速生产、录制和直播。虽然VR技术的不断发展对新闻行业产生了一定的影响，但要实现数据新闻与VR技术的完美融合，同时被普及应用，还有很长的路要走。

数据新闻也开始参与到不同领域，走进大众生活，如参与科普视频的制作，增强解释性和趣味性。同时，在数据新闻领域还兴起了"数可视""镝次元"等数据新闻生产和培训的企业，与媒体合作，辅助生产数据新闻作品，一定程度上促进了数据新闻产业化和专业化。

1.4　舆情分析与数据新闻

舆情是"舆论情况"的简称，是指在一定的社会空间内，围绕中介性社会事件的发生、发展和变化，作为主体的民众对作为客体的社会管理者、企业、个人及其他各类组织及其政治、社会、道德等方面的取向产生和持有的社会态度。它是个人或公众对各种公共事务所持有的多种情绪、意愿、态度和意见交错的总和。由于互联网的群体和使用时长不断攀升，网络舆情在社会舆论中扮演越来越重要的角色，因此用互联网数据平台监测网络舆情，辅助新闻工作，把握与预测事件的未来发展，及时疏导、协调不良舆论，减少舆情事件发酵的风险。

随着移动互联网时代的到来，舆情表达和传播的渠道日益多元，公共舆论场的信息量空前膨胀。大数据的特性为用户提供了个性化的服务、全新的新闻信息呈现模式，以及为新闻工作者提供网络舆情分析思路。舆情大数据的采集、挖掘、分析、研判已经成为舆情研究和管理工作的基础和支撑，而数据新闻提供了舆情管理的新方式。将舆情大数据进行展示和传播，即形成舆情数据新闻的新模式。例如，在新型冠状病毒感染（以下简称"新冠"）疫情暴发时期，央视等代表性新闻平台通过疫情实时大数据报告和迁徙地图，通过时间和空间数据，全面介绍疫情最新情况，让读者更加精确，全面感知当前疫情发生状况，消除大部分的不确定性，以客观翔实的数据，有理有据地发挥了媒体的舆论导向作用，最大限度地消除了疫情初期人们对疫情的担忧。

舆情分析一般更加关注舆情数据的获取，例如，网络新闻，如微博、微信、论坛等社交媒体数据中广大用户和媒体对当前热点新闻的关注与评论。但是舆情分析更多的侧重点在于发现热点，而不是分析得出洞察（insight）。通过对舆情数据的抓取，对数据分析与挖掘，再通过自然语言处理进行分析与预测，就能够找到其中的热点、风险，预测相应的趋势。舆情分析可以帮助政府、企业与科研机构及时了解网络舆情动向，预测热点事件的舆情发展趋势，为防范重大风险提供数据支撑。舆情分析更多的是把握当前热点新闻并总结规律，更在意实时性和风险，受众也较小，是有相关分析需求的专业人士。数据新闻的特点是要从数据中得出洞察结论，且受众是广大的读者群体。两者之间也不是割裂的，数据新闻可以利用舆情分析的数据和结论，作为一定切面的数据源，补充、拓展数据新闻的素材和论据。数据新闻的影响力体现在其"用数据说话"的特点上。相比舆情分析，其通过以图表形式进行多样化的呈现，每篇新闻有不同的呈现方式，数据新闻不仅使得冰冷枯燥的数据更加通俗易懂，同时也在数据处理的过程中分析事件，形成新的洞察。

1.5 代表性数据新闻媒体发展现状

国内外的传统媒体和互联网公司是制作数据新闻的引领者，它们或是具有传统新闻撰写的积淀与传播渠道，或是具有自身沉淀的互联网数据。接下来介绍一些代表性的数据新闻机构，更详尽的介绍与代表性的数据新闻案例将在第10章和第11章介绍。

1.5.1 国外代表媒体

（1）美国《纽约时报》

《纽约时报》（*The New York Times*）是数据新闻领域发展的先驱之一，在2007年成立了"互动新闻技术部"。在2014年其开设"The Upshot"数据新闻栏目打造数据新闻。"The Upshot"包含政治、经济、体育主题，通过数据分析与可视化，帮助读者获取核心观点，传递洞察。《纽约时报》也是全球数据新闻大奖的获得者，《纽约时报》侧重于数据新闻的呈现方式，即利用多种数据可视化类型讲好新闻故事，其在新闻叙事上仍旧保持很高的文字质量。同时其尝试利用互联网的便捷手段，融入新的交互手段与个性化互动。2014年的《租房还是买房好》中在交互界面中输入所选房屋售价、租金数等信息，计算器就可以根据个人选择呈现不同的结果信息。同时采用多媒体的内容呈现形式，例如，里约奥运会的报道中，在游泳、田径等比赛中定制了精良的短视频，更能直观感受比赛现场。

（2）英国《卫报》

《卫报》（*The Guardian*）在1821年由约翰·爱德华·泰勒创办，是英国的综合性日报，它是最早涉及数据新闻领域的西方媒体之一。英国卫报是一份英国全国性日报，1959年前它被称为曼彻斯特卫报。起初，它只是一份本地报纸，之后它发展成为一个复杂的组织结构和国际多媒体与网络存在相关联的国家报纸。2006年，《卫报》采取了"网络优先"的报道策略，即稿件先在互联网发布，再在纸质版本上登出。2009年，《卫报》正式开启数据新闻的生产制作，在官方网站上建立了"数据博客（data blog）"，该栏目涵盖了国际、政治、经济等多个领域，主题多样、内容丰富、呈现手段新颖，可视化形式呈现上采用了静态图表与交互式图表等多种方式，集数据与艺术一体，多次获得数据新闻奖。例如，2016年针对里约奥运会数据新闻创作专题，制作了10篇数据新闻，以动态交互可视化的方式阐释比赛现况，并在网络上放置分享到社交网站的选项，通过社交媒体进一步扩大传播效果和影响力。

（3）ProPublica

ProPublica成立于2008年，是一家非政府、非营利的独立数据新闻网站。ProPublica致力于公众利益的新闻，"通过生产新闻，揭示社会现实，赢得受众信任"。其还在Github上开源很多制作素材与工具，链接见本章末二维码中链接

1.2。例如其在 Github 上发布了开源数据集和数据加载分析脚本，用于数据新闻的研究，链接见本章末二维码中链接1.3。ProPublica 除了制作数据新闻，还建立了自己的在线数据库，命名为"数据商店"（DataStore），涵盖健康、司法、教育、政治、商业、交通运输等多个主题，提供免费的新闻原始数据，同时还建立了数据博客（The ProPublica NerdBlog），分享记者的"秘密数据制作"、数据案例分析等，供全球数据新闻从业者和用户交流。

国外数据新闻还有很多代表性机构，例如《华盛顿邮报》。也有很多技术或互联网公司提供数据新闻制作的数据和工具，例如 Google 数据新闻、微软 PowerBI 数据新闻制作专项等。总结起来，以上三个数据新闻机构各有特色，《纽约时报》擅长多样的可视化形式呈现，《卫报》"数据博客"对大数据有强大的处理能力，ProPublica 的数据新闻拥有高交互性和自创数据库，一定程度上也可供数据新闻从业者了解相关发展方向和趋势，对研究和理解数据新闻的发展也有借鉴意义。

1.5.2　国内代表媒体

国内也有很多代表性的数据新闻媒体，一类是新闻媒体的数据新闻部门，另一类是互联网公司的数据新闻频道。

（1）人民网"图解新闻"

随着数据新闻的发展，人民网创建了数据新闻栏目——图解新闻。人民网"图解新闻"由人民网要闻部出品，"图解新闻"栏目涉及时政、社会、国际、军事、交互、百科、人物、数字等领域，以直观长图、H5交互等技术手段进行数据新闻呈现。其中内容主题以国家时政新闻为主要选题。

（2）财新网（财经新闻网）"数字说"

在2011年财新网就开始了数据新闻的战略布局，实现了数据新闻报道的持续创新。"数字说"于2013年正式上线，是财新网数据新闻中心重要的数据新闻栏目，成为数据新闻实践的开拓者。2016年，财新网成为我国唯一入围"全球数据新闻奖"的媒体，2018年更是一举斩获"全球年度最佳数据新闻团队奖"。2012年10月25日，财新网创建"数字说"栏目，成为国内首家制作财经数据新闻的网站。2013年，财新网成立了数据新闻与可视化实验室，为可视化数据新闻提供信息与技术支持。此后，财新网"数据说"在数据新闻领域斩获多个奖项。

（3）网易"数读"

网易"数读"在网易的官方网站中隶属于新闻频道，是互联网公司中代表性的数据新闻频道。2012年1月，"数读"栏目在网易新闻频道上线，数读为读者提供数据。近五年时间里，其下设国际、经济、政治、民生、社会、环境、其他等板块，并已开设网易"数读"新浪微博和微信公众号，通过拓展多元渠道提高信息可及性。

除了以上的国内数据新闻机构，国内澎湃、搜狐等机构也推出了代表性的数据新闻频道，在第10章和第11章进行展开介绍。

扫码获取本章内容
中相关链接

第 2 章

数据新闻特征与功能

大数据时代，数据新闻报道的生产、呈现以及对数据的使用都完全不同于传统纸媒，其拥有自身的特点和优势。通过数据新闻与传统新闻的对比，可以了解数据新闻与传统新闻的共性和区别，以及数据驱动的思想对传统新闻的影响。

本章将从数据新闻的功能和特征两个方面进行分析介绍，在与传统新闻的对比中明晰数据新闻的特点和优势，以更好地实现新闻传播的价值。

2.1 数据新闻与传统新闻

新闻是"新近发生的事实的报道"，具有时新性、重要性、显著性、接近性、趣味性等特征，传统新闻强调新闻的五要素即何时（when）、何地（where）、何事（what）、何因（why）、何人（who）。作为新闻的一种，数据新闻是在大数据与人工智能时代，在数据驱动背景和技术的影响下产生发展起来的一种新闻传播形态，它与传统新闻各有特点，两者有鲜明的区别，数据新闻产生和发展对于传统媒体的新闻报道产生了重大影响。理清二者之间的关系，探索数据新闻对传统新闻的影响，是对数据新闻的特征和功能认识的基础，有利于新闻业的融合发展。

（1）数据新闻与传统新闻的关系

首先，数据新闻在传统新闻的基础上产生，两者是相互补充、相辅相成的关系。在互联网出现以前，传统新闻主要以文字配合图片的展示形式呈现，读者通过阅读文字获取主要的信息和结论。但随着各行各业的数字化转型，海量的数据在各个行业得以沉淀，很多行业也暴露数据的接口供数据抓取和分析，这为数据新闻的产生提供了初始的素材。其次，数据新闻的出现让信息更加客观，跨度更大，挖掘出之前没有发现的新结论。数据凭借文字难以叙述清楚，且非常枯燥，读者也不易理解且很难阅读，数据新闻通过可视化展示对数据进行阐述和呈现，让新闻展示效果增强的同时，还能够快速吸引读者的眼球。数据新闻的呈现形式非常多样，例如，数据新闻用动态和静态图等多种形式来展示，静态图可以采用图表、漫画呈现，动态图可以采用交互式方式，用户可以实时勾选相关条件进行交互式数据分析。但是，可视化本身并不是数据新闻的全部，关键还是核心观点，也就是新闻的构思和叙事，数据和可视化只是更好的论据和呈现手段。

（2）数据新闻对传统新闻的影响

以门户网站和新闻推荐系统为代表的互联网媒体的崛起给传统媒体带来了冲击，传统媒体需要寻找新的方式实现媒介模式转型，数据新闻无疑是一种新的方式。接下来从两方面看待数据新闻对传统新闻的影响。一方面，传统媒体在互联网还未发展的情况下扮演着社会新闻主要传播者，传统媒体占据新闻领域的主要话语权，专业媒介组织掌握内容的制作权和发布权，公众只能被动地接受，无法根据个人的兴趣和喜好选择相应的信息。但伴随着数据的爆炸式发展，读者对个性化的信息和数据化的信息越来越有相关的获取需求，而数据新闻能够使新闻内容的呈现信息量更大，甚至能实现融合交互式的个性化数据分析，随着读者受教育程度越来越高，也更能接受理性且数据化的报道和信息呈现形式。比如近年来的新冠疫情，由于其突发性与广泛的影响，读者希望了解疫情的感染与发展情况，数据新闻通过可视化的表达能够更加清晰地告知受众疫情的情况、感染人数及其地理位置分布等，达到更好的传播效果。数据新闻通过数据分析程序对海量数据进行相应的清洗、处理与分析，能够将碎片化、海量、多数据源的数据信息整合成洞察，进而产生传统新闻所难以分析出的新闻观点。另一方面，数据新闻改变了传统新闻创作方式，数据在新闻创作中的作用日益重要，传统新闻向数据驱动的新闻转变成为重要趋势。数据驱动的数据新闻创作，让过去只有受过专业新闻传播训练的人从事的新闻报道工作开始部分地转移到拥有交叉学科背景或计算机专业出身的工作者。例如，《华盛顿邮报》等会有专业的数据分析人员辅助数据新闻的制作。相比传统方式，大数据技术与传统媒体的融合在一定程度上提升了新闻的准确性与真实性，能与读者建立良好的信任，数据新闻作为新闻报道的创新形式，也逐渐成为传统新闻报道的辅助，并且在一定程度上能够推动传统媒体在互联网时代实现新的变革。同时还可以看到，数据新闻在一定程度上也可以引导公共舆论。在互联网兴起之前，传统媒体占据舆论宣传的主流，新闻读者处于被动接受地位，通过媒介组织才能获悉国家和社会事件，但无法对这些事件产生影响，即便对相关话题的讨论也以人际传播为主，局限在小范围内，互联网的普及改变了这一状况，"民间舆论"随之壮大。民间舆论场主要依托网络平台，感染力强，容易产生扩散式传播，从论坛到社交媒体，再到短视频等自媒体平台的兴起，人们拥有了对公共议题进行讨论的虚拟空间，并且这一空间范围日趋扩大，并对现实事件产生影响。数据新闻的发展为传统媒体提供了变革的新思路，通过数据分析，传统媒体可以从总体上把握网民的舆情，根据事件的发展趋势，进行正确的引导。

同时，也可以看到数据新闻对传统新闻的消极影响，如何消除数据新闻的单一呈现，将传统的新闻传播经典理论和经验应用到数据新闻中？总结起来数据新闻制作一般容易陷入以下误区：

① 网络数据质量。普通公众通过网络发布信息，时常带有强烈的主观性，有些还可能是虚假谣言，数据新闻的创作者需要对这类数据进行一定的数据预处理以提升数据质量。

② 过度看重呈现形式。由于可视化图表美观，部分新闻从业人员在日常制作数据新闻的过程中容易过度使用，重视形式而忽视了表达的核心主题本身。或者是过度依赖数据，造成读者难以阅读，失去了文字本身应该达到的质量与阅读标准。

③ 新闻深度思考的缺失。由于数据处理和可视化占用过多的精力，造成对新闻事件本身缺乏了深度思考。

2.2 数据新闻的特征

《数据新闻手册》曾对数据新闻特点进行了概括，包括参与性、叙事性、数据性、揭示性、可视性，为数据新闻的特征认知提供了参考。结合我国数据新闻实践的实际情况，可以归纳出新闻数据应用具有五个突出特点，分别是可解释性、数据性、客观性、可视化性、交互性。

（1）可解释性

通过数据新闻，可以更加直观的可视化方式解释抽象复杂的数据，让冰冷的数字可以通过图形的方式直观展示出来，让公众快速理解其中的数据分布、极值等。例如，新华网数据新闻"【数·百年】守护世遗瑰宝 贡献中国力量"，通过精练的图片和文字，以数据新闻的方式介绍世界遗产保护中中国的贡献和当前现状及发展。通过数据的可视化呈现，在内容上层层深入。而且，用户在可视化图表中可以看到作品的原始数据，更能让人信服，并且在阅读过程中也能形成自己的判断。

（2）数据性

有些数据新闻面对的待分析的数据量大，数据格式多样，数据深入挖掘后价值大。例如，新华网——【数·百年】看高等教育从"大国"向"强国"迈进，其主要介绍我国高等教育的多年发展与历史。正文整体行文："九月开学季，多少学子走进高等院校的校园。……中国现代高等教育波澜壮阔发展的序幕正式开启可以追溯到1895年10月2日，天津大学的前身北洋大学在天津诞生。北洋大学自创办之日起，就以'兴学强国'为使命，这是中国大学对自己的使命和功能的认识，是对国家和社会的责任与担当，是中国大学精神的元始。"以上以经典的新闻背景介绍开头有助于引起读者兴趣，防止一开始就进入到冰冷的数据中进行分析。在介绍完上面的开场白后，其嵌入了一段长达21秒的视频，视频中展示的是横轴为时间，纵轴为师生数量，动态由左向右不断推进师生状况的变化趋势。其正文中，构建多个数据分析图表，陈述分析结果。例如，通过高校数量的角度进行展示和介绍："截至2020年6月30日，全国高等学校（未包含港澳台地区高等学校）共计3005所，其中：普通高等学校2740所，含本科院校1258所、高职（专科）院校1482所，成人高等学校265所。"新闻数据应用的数据性特点，能更好地帮助创作者发现和挖掘数据背后的洞察，为读者提供更深层次的内容，以及处理更大时间和空间跨度范围的选题。

（3）客观性

在传统新闻中，创作者的主观观点和分析是形成新闻的核心，非常依赖创作者自身的水平、深度和客观性。大数据时代，人们对于信息的获取变得既简单又困难。这是因为人们可以便捷地在网络中搜索信息，但是信息爆炸下的各种信息质量良莠不齐，对于受众来说，通过新闻获取高质量的目标信息就变得尤为重要。数据新闻依托数据分析和大数据技术，可以在更丰富的数据源、更大的数据量基础之上构建数据新闻，让数据新闻创作者有机会使用全量样本，而不是每次都使用采样数据。这样无疑又减少了数据得出结论中的误差，增加了数据新闻的可信性、客观性和说服力。

（4）可视化性

可视化是涉及计算机图形学、图像处理技术等的交叉性学科。数据新闻相比传统新闻的一大特点就是会使用多种可视化技术进行内容和观点的呈现。虽然传统新闻也会放置一些图片或数据，但是较少深度广泛使用可视化手段进行数据可视化。数据可视化本身并不是单纯绘制图表，其中的挑战在于，基于数据和陈述的观点选择适合的图表，对不方便呈现的数据再调整。数据记者将收集来的数据进行筛选、分析，继而通过专业软件将杂乱无章的数据转换为信息图表。数据新闻之所以呈现方式多样，就是因为其信息图表具有多样性，主要包括折线图、散点图、地图、树状图等，可以利用 PowerBI、ECharts 等工具进行制作。

（5）交互性

在互联网还未普及之前，新闻的传播方式是读者接收的都是单一的渠道播放的统一新闻，读者很难对自己感兴趣的新闻进行选择，对新闻进行评论、转发、筛选等互动的操作也难以实现。数据新闻利用 AJAX、H5 等前端技术手段，有效地提升了新闻与读者之间的互动，使得新闻报道有更丰富的交互体验。有的时候甚至读者可以进行评论，或将自己的数据上传，这时数据就会实时地显示在信息图表之上。在这一过程中，读者的角色也转变为信息的创造者。

2.3 数据新闻的功能

读者获取数据新闻主要满足以下几个方面的需求：获取信息；了解经济和社会动态；情感共鸣；自我认知需求，调整自身对客观世界的认知；社会需求，在社会交往中与人沟通交流信息；娱乐需求。

数据新闻对新闻事实和数据进行分析、整理、解读，横纵对比以实现时间与空间的统一，传递海量信息，最终以多样化形式进行可视化呈现。新闻变得更加客观、公正、形象，传播范围与受众范围也得到了扩大，满足受众需求。数据新闻的独特让它在发挥其社会功能上表现出独特的魅力。

接下来将以上提到的功能展开介绍。

（1）个性化信息服务功能

得益于当前的新闻推荐系统，新闻的传播已经可以实现千人千面。数据新闻本身也可以借鉴相应的思路进行演化，提供给读者筛选过滤条件，让读者能个性化地选择。例如，PowerBI中就提供了数据筛选器的功能，通过数据筛选器，读者可以选择其中的过滤条件，将洞察和数据筛选出来，获取个性化的信息结论。也可以展望未来的趋势，如果未来数据新闻本身能对接互联网推荐引擎，那么数据新闻就能够将个性化展示提升到新的层次。

（2）形象化内容解读功能

数据新闻利用多种可视化手段，将作品内容进行形象化的处理和呈现，将复杂主题解读出来，增强了用户在阅读和使用时的易读性，帮助他们理解内容。对趋势类的内容，通过折线图可以非常直观地呈现出来；对数据数量的分布，通过柱状图可以非常直观地呈现哪些数据占比很高，哪些数据占比很低；对数据的地图分布，通过地图分布可以让读者观察到哪些省份占比更高；对于对比类的信息，可以通过图表进一步对比和展示；对一些新概念，甚至可以通过漫画的形式进行绘制和展示说明。

（3）实时监督功能

数据新闻本身的读者不仅是广大的群众，同时党政机关或相关研究者也是重要受众，专业人士通过数据新闻中的数据可视化和结论感知社会事件的演化和发展趋势，从中洞察并进行决策。有些数据新闻利用实时数据并展示出实时图表，通过实时图表能获取不断更新的数据。

（4）娱乐功能

与传统新闻相比，数据新闻借助于互联网前端技术，例如H5、AJAX等手段，形成可以交互的界面，甚至利用当前人工智能、元宇宙技术进行图片生成或形成短视频。传统新闻在娱乐功能的发挥上更多依赖于静态图片和文字进行内容传递，读者只是被动接受，而无法进行娱乐化的交互，很难让读者获得充分的娱乐和精神满足。有些代表性新闻借鉴游戏设计的思路和做法，将数据新闻制作为可交互可互动的前端小游戏，或制作为短视频，让读者阅读起来不再枯燥，甚至在交互的过程中，完成了用户调研。

第 3 章

数据新闻选题与策划

3.1 数据新闻选题

从新闻内容领域的角度介绍哪些类型的主题适合通过数据新闻的方式进行呈现和介绍，总结起来有以下几点：

① 信息量大，需要通过图表更精简地展示。
② 有科普需求，需要通过图片、漫画等手段呈现概念。
③ 希望呈现对比、趋势、热点，引出重要的结论。
④ 有地理位置、时间线发展等，呈现事件或分布的需求。

3.1.1 社会热点新闻

社会热点新闻一般与时间和地域相关，也伴随有以时间跨度讲述问题和热点事件的历史沿革，通过数据新闻可以非常直观地将地缘关系、历史沿革的发展脉络等完整地呈现出来。

以新华网"冬奥小课堂|陆续发布！记住北京2022年冬奥会的这些元素"为例。在举办冬奥会期间，社会的热点为冬奥会，这篇数据新闻通过漫画与图表的形式主要介绍冬奥中的元素，以图示化单栏的展示形式呈现具体的元素和实例图片，让人能具象地对冬奥的各种元素有直观的感受。新闻整体是单栏的图片，有助于手机打开，其宽高比适配手机，用户可以不断通过下滑的方式打开下面的内容。通过漫画与数据可视化，让读者透过数字快速理解之前可能不太熟悉的冰雪运动。

3.1.2 经济主题新闻

经济类新闻特点是需要数据分析，往往需要做量化的数据呈现与展示，需要通过数值、比例、分布等手段展示当前被研究项的主要问题在哪里，以及需要关注的热点和分类。例如很多金融证券的行业研究报告（以下简称"行研报告"），数据新闻就是最适合的呈现形式。

以澎湃新闻"数说 | 炒股、炒币、买信托,大公司理财会翻车吗?"为例,其通过柱状图呈现2021年A股公司理财亏损情况。通过树状图呈现上市公司的两种炒股路线,买同行或跨界买,并形成对比。通过柱状图呈现多数公司炒股、炒基金的投入比例。通过堆叠条形图呈现2021年多数上市公司理财利润情况。

3.1.3 体育主题新闻

体育类主题一般涉及的体育项目多,需要量化竞赛成绩,所以通过数据新闻方式呈现也非常适合。同时,通过漫画等手段有利于呈现和介绍体育项目。

以新华网"【冬奥小课堂】风驰电掣!一图了解雪车和钢架雪车"为例,其通过漫画的形式介绍代表性体育项目,是因为单纯通过文字解释不够直观,并能弥补照片不容易捕获特定动作和说明的劣势,即使读者第一次接触相应项目也能快速理解当前项目特点、难度等,起到传递新闻信息的作用的同时,并传递特定高难度动作下所展示的昂扬的拼搏精神。

3.1.4 民生主题新闻

民生类的主题一般跨度较大,有一定的历史沿革和发展。以时间为轴,配合适当的可视化图表,适合呈现这类主题下的支撑性材料和核心客观观点。

以新华网数据新闻"【数·百年】中国城镇化:既要'留得下'也要'过得好'"为例,其内容主要为:中国城镇化从改革开放之初不足20%,到"十三五"末超过60%,随着我国城镇化进程加快,常住人口城镇化率也大幅提高。"十四五"规划和2035年远景目标纲要提出,"十四五"时期"常住人口城镇化率提高到65%"。可以预见,未来5年,我国城镇化率仍将处于快速增长区间,城镇化建设将转向高质量发展阶段。

其通过圆环图和小视频多媒体形式呈现中国城镇化率的变化,通过折线图呈现中国与世界城镇化率的比较趋势,通过极坐标系呈现中国城市数量和全国城市市政公用设施水平,通过桑基图呈现"十四五"规划纲要中关于国家级城市群发展规划。大多以时间为轴,呈现波澜壮阔的中国城镇化变迁历史。

3.1.5 教育主题新闻

教育类主题的新闻特点是其需要引用客观与翔实的数据，像书写论文或行研报告一样，陈述相关事实、介绍历史沿革、呈现发展趋势。以往此类新闻就在一定程度上有数据分析与可视化的基本需求，在当前如果以数据新闻的形式进行呈现也是非常适合的。

以新华网数据新闻"【数·百年】看高等教育从'大国'向'强国'迈进"为例，其主要介绍：中国经历了高等教育从精英化走向大众化再走向普及化，我国成为世界上最大规模的高等教育大国。同时，研究型、应用型等各类高校各安其位、各展所长，学科专业结构不断优化，高等教育多样化发展体系正在形成。

通过翔实的数据和可视化的展示介绍，让读者可以快速了解全国高等学校组成、高等教育毛入学率、教育经费投入趋势等汇总性的量化结果，并感知高等教育领域的由来、变革与趋势。

3.2 数据新闻策划

当前数据新闻的选题策划通常可以总结为以下几种方式：一种是基于对有条件获取的翔实数据，从中分析出洞察进而形成数据新闻；另一种是基于对热点新闻的报道需求，通过数据和数据新闻的呈现手段将当前新闻加工制作为数据新闻；最后一种类似论文和行研报告，对特定主题的历史进行归纳，形成一份客观翔实的数据新闻报告。

3.2.1 基于数据的策划

财新网专家曾在一次采访中总结：选题有的时候是先有一个故事的构思，然后去寻找数据，有的时候是从数据中寻找选题，数据新闻记者看到数据库就会天然地兴奋，不管能做什么，可以先研究一下；如果研究出一些比较好玩的东西的话，就可以做一个项目。当前互联网中有很多的数据源，如果记者本身对这些数据源知晓，并对数据感兴趣和敏感，就能捕获其中的数据新闻机会。例如，从政府的公开数据集中制作民生类的数据新闻，通过互联网服务的接口对一些实时热点进行挖掘，形成数据新闻。

3.2.2 基于新闻事件的策划

因为新闻本身就需要有热点进行报道，在其中融合数据新闻的呈现手法也是一种常见的数据新闻策划方式，这样就不必担心写什么，而是思考如何写，即如何通过数据分析、数据可视化的方式进行具体的某段内容的呈现。

例如，当热点事件发生时，记者可以在互联网中检索实时的热点具体数据，并放入到新闻内容中呈现，也可以回溯相关数据，形成历史时间线数据呈现，也可以利用好地图，在地理位置上呈现新闻的地理数据。

3.2.3 基于主题的策划

基于某类主题的数据新闻策划可以来源于记者兴趣，抑或是当前的纪念日、大趋势和历史事件回顾等触发撰写和策划的需求。

例如，看高等教育从"大国"向"强国"迈进，可以在高考或考研考试的时间点，对历史数据进行宏观总结和陈述，这样在信息快速消费，很难通过长篇内容捕获读者的时间和兴趣的情况下，让读者能快速获取客观翔实的知识。其本质更像一篇篇幅短且精练的小调研报告和小论文。

对选题的选择和策划并不局限于以上的几类，而更多的是作者发现某类新闻可以通过数据分析和数据可视化的形式呈现，便可以通过后面介绍的具体技术手段进行书写和呈现，这样才真正发挥了数据新闻的特点、优势和价值。

第 4 章

数据新闻制作与传播

受大数据、人工智能为代表的新技术革命影响，数字化不断渗透到各个行业，新闻行业也不例外，尤其以数据新闻为代表的新兴新闻传播方式越来越多地吸引读者阅读。数字化对传统新闻业造成直接的影响，引发新闻采集、新闻制作、新闻分发、新闻传播的演化与升级，数据也从辅助新闻报道演化为独立新闻形态。但是由数据驱动的新闻报道形式——数据新闻，对传统新闻人才提出了更高要求。

数据新闻的制作过程与传统媒体相比更复杂，对专业能力有更高的要求。数据新闻的呈现需要作者有相应的新闻传播学知识背景，还要具备多个交叉学科知识背景，主要包括基本的计算机编程、数据采集、数据处理、数据可视化等。

有新闻学者认为数据新闻生产制作包括数据搜集、数据处理和数据呈现三个流程，数据呈现的效果取决于所用数据的数据质量。

数据新闻的制作在理论研究方面代表性的学者是德国的米尔科·劳伦兹，他提出的数据新闻生产流程，其把数据新闻制作分为四个步骤：搜集数据、清洗数据、数据可视化、数据新闻制作。在之后的小节中，将按照以上的划分，介绍数据新闻制作的各个环节需要注意哪些事项，使用到哪些技术与工具。

当前假定读者已经完成第3章介绍的数据新闻选题与策划，也就是知道要写哪些主题与标题，但是对其中的内容，尤其是需要通过数据新闻呈现的新闻片段还无从下手，那么对这部分内容可以通过以下步骤进行制作。

4.1　搜集数据

本书将在第6章介绍如何获取数据新闻所需要的原料——数据的采集。数据是数据新闻的基石，没有数据无法制作数据新闻。

① 数据从何而来。一般可以通过互联网上的公开数据，例如，政府、教育等领域发布的公开数据集作为素材，并利用好搜索引擎、地图等互联网服务开掘新的实时数据。

② 数据如何采集和获取。可以通过可视化编程的爬虫，也可以独立编程，进行数据的采集，或者直接下载相应的公开数据集到本地。

③ 数据采集方式是否合规。由于对用户的数据隐私与安全保护越来越规范，数据采集监管越发严格，在进行数据采集前也要熟知相关的法律法规要求，不要触碰法律法规的红线，在合规的情况下，规范地进行数据采集。

更详尽的内容请读者参考第6章进行了解。

4.2　清洗数据

当搜集数据完成，接下来将进行数据清洗和数据分析。

清洗数据一般可以包含数据的清洗与数据分析。但是需要处理哪些数据，需要分析出哪些结果，最开始是不太清楚的，那么可以通过反推的方式，也就是先设想，希望通过什么图表阐释哪些内容，进而反推需要从哪些数据中加工出这些分析结果。

在第7章中，主要涉及数据分析的常用技术和工具，数据分析本身涉及的方法和技术多样，挑选在数据新闻中可能会高频使用的知识点进行介绍，例如：数据探索、词云、图数据分析、相关因素分析等。

同时还将引入当前的前沿数据处理技术进行介绍，揭示下一代的数据新闻可能采用的新技术，例如第9章中将介绍人工智能与大数据技术。可以通过大数据技术对海量的数据加工出数据新闻，我们也可以通过人工智能技术对文本进行向量化，进而对海量非结构化的文本进行聚类、分类和预测。

4.3　数据可视化

当完成数据清洗和数据分析后，就可以通过数据可视化的手段将结果制作成精美的可视化图表，并嵌入到数据新闻。数据可视化是一个跨学科领域，是处理数据和信息的图形表示。当数据或信息很多（例如时间序列）时，数据可视化是一种特别有效的通信方式。本书将在第8章介绍常用的数据可视化图表，以及可以使用的数据可视化工具。例如：条形图、柱状图、折线图、地图等图表。通过这些可视化图表，可以更加清晰直观地呈现极值、总量、对比、趋势、地理位置、时间线等。

4.4 数据新闻制作

从文本到数据代表的是新闻叙事符号载体的变革。数据新闻也被称为数据驱动新闻，数据已成为数据新闻呈现自身新闻内容与观点的主体，这一转变使得数据新闻和传统新闻在叙事、表达手段上呈现了新的差异。大量的文字附带几张有补充说明的新闻图片一直是传统媒体用来呈现新闻内容的常见形式，这种形式虽然可以将新闻的时效性发挥到极致，但限于文本表现组合的单一性，容易产生主观性评判，且覆盖维度小，没有全面的数据支撑，新闻叙事的多样性和客观性被极大地削弱。融合媒介的融合化发展将文字、图片、视频、音频等多媒体信息嵌入互联网融媒体平台，从一定程度上丰富了新闻的多样化表达，但是仍旧没有彻底解决以上问题。而与文本不同，数据所提供的信息则显得更加多维与宽泛，数据本身可以跨越更广泛的时间与空间维度进行叙事，提供客观的论据支撑，从数据中能够洞察出之前所没有发现的结论和趋势。

数据新闻的本质是新闻，而非简单的数据呈现，更多的是需要熟练运用后面章节介绍的技术手段和方法辅助数据新闻的制作。数据新闻的"四大因子"，即"数据""方法""新闻""可视化"，但是如何将这些因子有机地组合在一起，形成高质量可读的新闻也是需要不断思考的，在第10章和第11章，将对经典的数据新闻案例进行分析，让读者通过代表性机构的数据新闻作为参照，学习并借鉴，创作新的高质量的数据新闻。

新闻写作的"5W+1H"要素是指When、Where、Who、What、Why、How，新闻记者需要通过内容叙事呈现一个新闻中以上的六大元素，而数据新闻记者则需要通过数据分析与可视化呈现这些新闻要素。数据新闻是在传统新闻的选题和叙事过程中，增加了数据采集、数据清洗与分析挖掘、可视化数据，尽管与传统新闻写作的"5W+1H"要素有着依赖，但这并非简单的要素叠加或呈现，而是通过数据分析和可视化能够生产出传统新闻叙事方式所不能加工出的新结论。

4.5 数据新闻传播

在新闻传播学中，传播方式是通过信息在传播者与接受者之间的关系进行分析、定义与介绍的。数据新闻中的传播方式也可以依据传播学中传播者与接收者之间的关系进行归纳与定义。

（1）单向传播

单向传播路径一般是新闻媒体在传统的新闻频道中新增和开辟新的数据新闻频道，其中的新闻全部属于数据新闻，但是仍旧需要受众去特定位置寻找个人感兴趣的相关主题的数据新闻。此类新闻传播方式不依赖传播介质，传统纸质介质也可以进行传播。

（2）双向传播

所谓双向传播路径，就是新闻媒体将数据新闻传播给接收者（也就是读者），并通过互联网应用预留反馈模块，得到反馈，例如点赞、收藏、分享、阅读反馈等。

例如，搜狐新闻的"数字之道"下方提供了可供网友参与评论的功能，增强了读者的互动、黏度。

此类新闻需要依赖互联网网站或者APP添加相应的功能模块得以实现，传统的纸媒很难实现相应的功能。

（3）定向传播

定向传播就是数据新闻在特定的传播者和接收者之间进行。此类传播模式依赖互联网的推荐系统机制，进而实现新闻的千人千面，例如，以今日头条为代表的APP，其中通过聚合不同数据新闻媒体的数据，由平台的推荐算法根据接收者的兴趣，触达感兴趣的读者。

第 5 章

数据新闻中的计算机技术

本章首先概览性地介绍数据新闻中使用到的计算机技术，在后续的章节中将会就具体的技术应用进行展开。

5.1 数据采集概览

据新闻本身依赖数据（表格数据、新闻文本等）才能加工出洞察，或提供相关可视化素材，最终形成新闻信息的呈现。图5.1将这个过程用炼油厂炼油来比喻，"炼油"的技术有多种，例如，统计分析、机器学习或可视化技术等，但是最关键的一环是需要有高质量的"原油"，否则巧妇难为无米之炊。那么，"原油"获取是展开数据新闻的第一环节。数据是数据新闻本身的基石，没有数据将无法创作数据新闻。

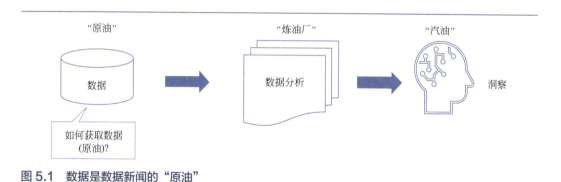

图 5.1　数据是数据新闻的"原油"

如图5.2所示的总结，对数据新闻从业者来说，常见的数据获取方式有：①可以利用搜索引擎，通过高级语法或者元搜索进行更加细粒度的数据检索。②也可以利用下载公开数据集，例如政务数据集等进行数据分析。③还可以通过爬虫抓取指定垂直领域数据，进行特定主题数据的准备。当准备好数据后，就可以进行数据分析和可视化，辅助后续制作数据新闻。

（1）搜索引擎高级语法

搜索引擎（search engine）是人们日常工作与生活中常用的互联网工具，例

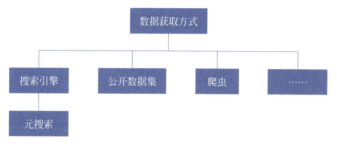

图 5.2 数据获取方式

如，国内常使用的搜索引擎包括百度、搜狗等。通常情况下以为只要直接搜索即可，但是忽略了这些搜索引擎中也隐藏着很多高级语法，这些语法能够提升收集数据新闻所需要的数据的效率。使用好高级语法，能让读者有针对性地约束特定关键词是否出现，进而精确地检索出需要的新闻与文档，如图5.3所示。本书将在第6章进行搜索引擎高级语法的应用与实例介绍，让数据新闻从业者用好身边最常用的工具。

图 5.3 使用搜索引擎高级语法让搜索结果满足一定约束

（2）元搜索

元搜索引擎是一种调用其他独立搜索引擎的引擎，亦称"搜索引擎之母"。这里的"元"（Meta）为"总的""超越"之意，元搜索引擎就是对多个独立搜索引擎的整合、调用、控制和优化利用。

例如，当检索"数据新闻"，利用元搜索引擎可以向百度、搜狗等搜索引擎发起检索，综合利用各个搜索引擎互补的特点，能够更加全面地召回互联网上与查询相关的文档和新闻，如图5.4所示。

第 5 章 数据新闻中的计算机技术

图 5.4　元搜索发挥各个搜索引擎的强项

（3）公开数据集

当前，政府与企业的数据开放是趋势，其不仅让信息流动更加透明，同时激发社会和市场的力量进一步挖掘新的洞察和反哺机构。①在政务与社会公共服务数据集方面，国务院曾印发促进大数据发展行动纲要，大力推动政府部门及各垂直行业数据共享。例如，大力推进国家人口基础信息库、法人单位信息资源库、自然资源和空间地理基础信息库等国家基础数据资源建设，加快各地区、各部门、各有关企事业单位及社会组织信用信息系统的互联互通和信息共享，丰富面向公众的信用信息服务。同时，稳步推动公共数据资源开放。优先推动信用、交通、医疗、卫生、就业、社保、地理、文化、教育、科技、资源、农业、环境、安监、金融、质量、统计、气象、海洋、企业登记监管等民生保障服务相关领域的政府数据集向社会开放。各个行业和垂直领域的这些公开数据集是创作数据新闻非常优质的数据源，因为其数据来自官方，严谨、权威，且数据质量高。②互联网也是很多数据新闻数据的好的来源，互联网新闻、博客、微博、自媒体等是非常优质的数据获取渠道。③有些企业也专门整理和开放特定时段的数据集（例如，搜狗开放搜狗新闻数据集），方便业界展开相应的研究。如图5.5所示，综合运用公开数据集能提升数据新闻的客观性和权威性。在后续章节将介绍常见的公开数据集的获取渠道。

（4）爬虫

爬虫（Crawler），是按照一定的抓取与解析规则，自动地抓取互联网中文档、信息等的计算机程序。最早大规模开放和部署爬虫的公司其实是搜索引擎公

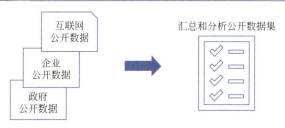

图 5.5　互联网上有大量公开数据集

司，如图5.6所示，这些公司会大规模抓取互联网上的数据，建立索引，供用户更加高效地检索互联网的信息。通过开发爬虫，数据新闻从业者可以采集互联网上更为多样且广泛的数据集。例如，财新网"数字说"中的一篇数据新闻，记者就是利用爬虫抓取了法律文书网中特定主体的一段时间内的文书，之后展开分析。爬虫的优势是灵活，支持自定义数据采集，可以满足用户抓取特定主题的数据集需求；劣势是对编程要求较高，同时面临一定法律法规风险。在之后的章节中，将围绕爬虫技术和相关法律法规问题展开。

图 5.6　搜索引擎利用爬虫采集数据

5.2　数据分析与挖掘

在通过前面小节中介绍的方法准备好数据集后，通过数据分析与挖掘提炼洞察是创作数据新闻过程中的重要手段和呈现方法。就像从原油中炼制出汽油，数据通过数据分析算法被加工出洞察，可以说数据分析是数据新闻的很多关键内容的灵魂，没有经过分析与挖掘的数据就像海里的海水，读者无法在短时间内抓到重点，也就很快丧失了阅读的兴趣。如图5.7所示，如果能够将精练的数据分析的结果呈现在数据新闻中，无疑让人眼前一亮，在新闻快消费时代高效地触达与传播信息。例如，统计一段时间内，影响某新闻事件的三个关键影响因素，就需要使用数据分析的算法进行加工制作。"数据分析"和"数据挖掘"常常出现在一起，其实两者之间还略有区别，之后会综合使用两种技术。

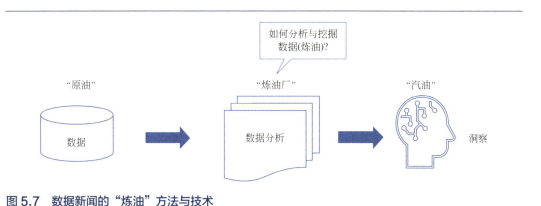

图 5.7　数据新闻的"炼油"方法与技术

根据维基百科的定义，数据分析是一个检查、清理、转换和建模数据的过程，其目标是发现有用的信息、得出结论并支持决策制订。从中可以看到，主要有两大关键步骤，数据的预处理与分析数据得出结论。其中数据预处理能够对"杂乱"的数据进行梳理和规范，例如，数据中缺失某个字段，数据中需要抽取关键词等。分析数据得出结论一般是得到一个指标统计量结果，如总和、平均值、最大值、最小值、标准差等，这些指标数据都需要与业务结合进行解读，才能发挥出数据的价值与作用。

根据维基百科的定义，数据挖掘是指从大量的数据中提取和发现模式的过程，涉及机器学习、统计和数据库系统交叉的方法。数据挖掘是计算机科学和统计学的一个跨学科子领域，其总体目标是从数据集中提取信息（使用智能方法），并将信息转换为可理解的结构以供进一步使用。在当前由于人工智能技术热度很高，已经较少提及数据挖掘，而常常使用人工智能或者机器学习等概念概述相应算法。数据挖掘主要侧重解决几类问题：分类、聚类、关联和预测，数据挖掘的重点在寻找未知的模式与规律。例如，经典的数据挖掘案例：啤酒与尿布的案例（图5.8），这就是事先未知的，通过购买记录挖掘出的模式，虽然和刻板印象不一致，但却是非常有价值的信息。综上，输入数据库或者文件中的数据，通过数据库中的SQL或其他编程语言进行统计数据分析，机器学习算法采用决策树、神经网络、关联规则等方法进行挖掘，最终产出规则、标签或者模型，例如，对一段新闻或评论进行情感分析。

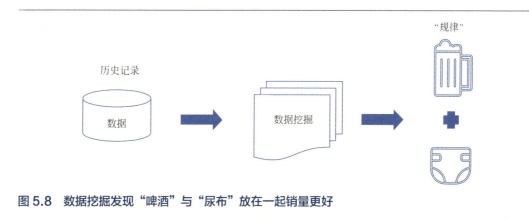

图 5.8 数据挖掘发现"啤酒"与"尿布"放在一起销量更好

综合起来，数据分析与数据挖掘的本质都是一样的，都是从数据里面发现关于业务的知识（有价值的信息），从而帮助获得数据新闻中的洞察。在后面的章节中，主要通过Python编程语言以及Python中的数据分析经典库展开实例介绍，围绕文本分析、相关性分析或大数据分析等代表性的主题和场景展开理论与实践的介绍。

5.3　数据可视化概览

根据维基百科的定义，数据可视化是一个跨学科领域，是处理数据和信息的图形表示。当数据或信息很多（例如时间序列）时，这是一种特别有效的展示方式，如图5.9所示。

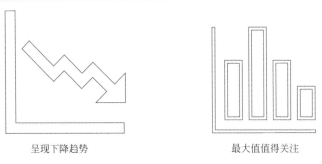

| 呈现下降趋势 | 最大值值得关注 |

图 5.9　通过可视化图很容易展现趋势发现异常点

在数据新闻中，可视化是必不可少的最终呈现关键数据和洞察的手段和技术，通过可视化展示数据分布、相关性、人物关系等让读者能够快速关注趋势，获取洞察。可以进行可视化的工具有很多，可选择比较成熟、社区规模比较大的工具，例如Excel、PowerBI、E-Charts，在后续章节中将展开介绍以这些工具为实例的可视化方法在数据新闻中的应用。

5.4　人工智能与大数据

在数据新闻中，数据大部分为文本，对文本进行分析、挖掘与预测是自然语言处理技术擅长解决的问题。自然语言处理（natural language processing,NLP）是计算机科学领域与人工智能领域中的一个重要方向，它研究能实现人与计算机之间用自然语言进行有效通信的各种理论和方法。自然语言处理是一门融合语言学、计算机科学、数学于一体的科学。因此，这一领域的研究将涉及自然语言，即人们日常使用的语言，所以它与语言学的研究有着密切的联系，但又有重要的区别。自然语言处理并不是一般地研究自然语言，而在于研制能有效地实现自然语言通信的计算机系统，特别是其中的软件系统。因而它是计算机科学的一部分。在后面章节中将会通过理论和实例介绍自然语言处理在数据新闻中的应用。将通过jieba、HanLP、gensim、scikit-learn等经典自然语言处理与机器学习工具展开介绍，理论结合实践，让读者更加直观地了解最终如何通过自然语言处理技术对新闻文本进行加工和制作。

同时随着互联网的发展,数据呈现爆炸式增长,有些数据新闻可能需要从大规模海量数据中挖掘出相应的洞察,在大规模数据的场景下就会依赖大数据技术进行数据新闻的制作。在后面的章节也将通过PySpark工具进行大数据分析以支持数据新闻。

扫码获取
本章参考文献

第 6 章

数据采集

数据是数据新闻的基石，没有数据则无法制作数据新闻。但是不禁要问：

① 数据从何而来？

② 数据如何采集和获取？

③ 数据采集方式是否合规？

本章围绕以上问题展开，将通过爬虫、搜索引擎、公开数据集等方式获取数据新闻制作的基础"原油"——数据。

6.1 互联网数据抓取与爬虫

抓取互联网上的公开数据，例如，新闻、微博、博客等，可以通过爬虫实现。目前市面上有开源的爬虫也有闭源的爬虫，闭源爬虫（例如八爪鱼等）使用更加简单，但是需要付费，开源的爬虫免费（例如，Python中的requests库，Java中的Scrapy等），但是内置功能相对较少，同时需要用户有一定的开发能力（例如会使用Python编程语言进行编程）。接下来分别对开源爬虫和闭源爬虫进行介绍，读者可以根据自身情况选择适合的爬虫进行使用。

6.1.1 开源爬虫

Requests库是Python社区应用比较广泛的且使用Apache2 licensed许可证的HTTP库，可以模拟人通过浏览器访问网页，将特定网页数据抓取下来。该库本身使用Python编写，且支持HTTP协议创建连接，并支持连接保持、连接池等功能，其在Python内置模块的基础上进行了高度封装，从而使得以Python进行网络请求时，代码非常简洁，使用requests库可以轻而易举地完成浏览器可有的操作。

如下面实例（程序6.1），读者可以通过requests库和程序6.1中代码请求返回特定网页链接的文本。

```
import requests
```

```
location = " 北京 "
page1 = requests.get("http://wthrcdn.etouch.cn/weather_mini?city={}".format(location))
# 返回结果为json格式
data1 = page1.json()
print(data1)


page2 = requests.get("https://www.cnblogs.com/myfrank/p/7238111.html")
# 返回结果为纯文本格式
data2 = page2.text
print(data2)
```

程序6.1　使用requests库访问网络服务和抓取网页实例

除了爬虫库，获取到的互联网上的每个网页文档数据一般都为HTML格式。HTML（超文本标记语言）是Web最基本的构建块，它定义了Web内容的含义和结构，如图6.1所示，图中是HTML定义网页文档结构的基本语法，除HTML之外的其他技术通常用于描述网页的外观/呈现（CSS）或功能/行为（JavaScript）。

从图6.2中可以看到网页中的文字（按F12按键），通过浏览器看到网页中对应的HTML源码，对应位置"数据新闻"被一定的标签（<em></em>）标识，这些标签标记了文本对应的位置、字体等信息，浏览器会解析这些标签并渲染出网

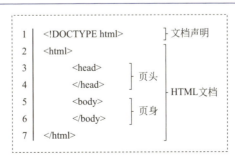

图6.1　HTML文档格式与基本语法（图片来源见本章末二维码中链接6.1）

图 6.2　通过浏览器观察网页对应的 HTML 源码

页供用户阅览。

HTML 不方便后续的分析和人工观察，需要通过一定的库将文本内容抽取出来，例如可以采用正则表达式去书写抽取规则。Python 中常用的解析 HTML 库是 re、lxml 库，读者可以参考 re、lxml 库书写 HTML 正文抽取规则。

通过下面实例，学习如何使用 requests 库获取互联网新闻数据。新闻数据抓取实例将从以下几个步骤展开。

（1）配置代理并抓取网页 HTML 源码

通过百度搜索"数据新闻"，将得到图 6.3 中的结果。同时从浏览器也看到网址改变。通过这个网页进行数据抓取。

由于现在很多网站都带有反爬虫策略，需要配置一下 requests 的头文件，进

图 6.3　通过百度搜索"数据新闻"

而采集到相应数据。查询User-Agent信息,并配置requests的头文件,这样让网站以为用户是在使用浏览器进行浏览。打开浏览器(例如当前使用的是Firefox火狐浏览器)并访问图6.3的网址,通过F12进入到调试模式,点击network,选择www.baidu.com,在右下角找到User-Agent信息,如图6.4所示,局部放大图如图6.5所示。

图 6.4　进入调试模式

```
② Sec-Fetch-Mode: no-cors
② Sec-Fetch-Site: same-origin
② User-Agent: Mozilla/5.0 (Windows NT 10.0;██████████████0100101 Firefox/99.0
```

图 6.5　获取 User-Agent 信息

接下来通过 requests 库将 User-Agent 配置到请求头（header）中，之后通过 requests.get 方法将网页信息获取并返回，代码见程序 6.2。

```
import requests
import re


# 1) 配置用户代理
headers = {'User-Agent': 'User-Agent: Mozilla/5.0 (Windows NT 10.0;
… Firefox/99.0'}
# 2) 配置要访问的 URL 链接，可以从访问的网页中的浏览器获取
# 把链接中 rtt 参数换成 4，即是按时间排序，默认为 1 是按焦点排序
url = 'https://www.baidu.com/s?tn=news&rtt=1&bsst=1&cl=2&wd=数据新闻'
# 3) 加上 headers，让网站认为这是通过一个浏览器进行的请求
# .text 代表返回结果转换为文本字符串
res = requests.get(url, headers=headers).text
```

程序 6.2　使用 requests 请求并配置 header 头

（2）抽取需要的信息

首先通过浏览器观察网页中的特定位置信息的语法，再设计正则表达式抽取特定位置需要的信息。如图 6.6 所示为获取标题与超链接信息。

通过 <h3> 标签语法抽取 '<h3 class="news-title_1YtI1"><a href="（.*?）"'。其中 ".*?" 正则表达式串代表匹配第一个 ".*?" 之后的字符（例如本实例中为 "）"）就结束了一次匹配，不会继续向后匹配。

接下来通过 requests 库表写正则表达式以匹配想要获取的信息，代码如程序

图 6.6 获取标题与超链接信息

6.3所示。首先通过浏览器左侧按键"Pick and element from the page"确定想要获取元素对应的HTML标记语法，同时思考其共性部分，制作成正则表达式串。正则表达式有一套语法能进行相应的字符串匹配。

```
""" 通过正则表达式提取信息 """
# 获取网页内新闻列表的链接
p_href = '<h3 class="news-title_1YtI1 "><a href="(.*?)"'
href = re.findall(p_href, res)
print(href)
```

程序 6.3 获取网页内新闻列表的链接

通过<h3>标签语法抽取'<h3 class="news-title_1YtI1">.*?>（.*?）</a>'。其中".*?"正则表达式串代表匹配第一个".*?"之后的字符就结束了一次匹配，不会继续向后匹配（例如本实例中第一个字符为">"，第二个字符为"）"）。获取网页内新闻列表的标题代码如程序6.4所示。

```
# 获取网页内新闻列表的标题
p_title = '<h3 class="news-title_1YtI1 ">.*?>(.*?)</a>'
title = re.findall(p_title, res, re.S)
print(title)
```

程序6.4　获取网页内新闻列表的标题

通过<h3>标签语法抽取'<span class="c-color-gray"aria-label=.*?>（.*?）</span>'。其中".*?"正则表达式串代表匹配第一个".*?"之后的字符（例如本实例中第一个字符为">"第二个字符为"）"）就结束了一次匹配，不会继续向后匹配。获取网页内新闻列表的来源如图6.7所示，代码如程序6.5所示。

图6.7　获取网页内新闻列表的来源

```
# 获取网页内新闻列表的来源
p_source = '<span class="c-color-gray" aria-label=.*?>(.*?)</span>'
source = re.findall(p_source, res)
print(source)
```

程序6.5 获取网页内新闻列表的来源

通过<h3>标签语法抽取'<span class="c-color-gray2 c-font-normal c-gap-right-xsmall"aria-label=".*?>（.*?）</span>'。其中".*?"正则表达式串代表匹配第一个".*?"之后的字符就结束了一次匹配，不会继续向后匹配。获取网页内新闻列表的日期如图6.8所示，代码如程序6.6所示。

图6.8 获取网页内新闻列表的日期

```
# 获取网页内新闻列表的日期
p_date = '<span class="c-color-gray2 c-font-normal c-gap-right-xsmall" aria-label=".*?>(.*?)</span>'
date = re.findall(p_date, res)
print(date)
```

程序 6.6　获取网页内新闻列表的日期

最终可以看到抽取到的结果,并通过程序6.7中的代码打印出来。

```
for i in range(len(title)):
    title[i] = title[i].strip()   # strip() 函数用来取消字符串两端的换行或者空格
    title[i] = re.sub('<.*?>', '', title[i])   # 用 re.sub() 函数来替换不重要的内容
    print(str(i + 1) + ':' + title[i], source[i], date[i])   # 输出标题,源和日期
    print(href[i])    # 输出链接
```

程序 6.7　打印采集结果

1. 数据新闻 SZNEWS 6 天前

http://szsb.sznews.com/MB/content/202204/26/content_1189182.html

2. 数据新闻|"数读"一季度中国经济投资持久力腾讯网 4 月 21 日

https://new.qq.com/omn/20220421/20220421V0B20L00.html

3. 国新办举行一季度外汇收支数据新闻发布会中国政府网 10 天前

https://www.gov.cn/xinwen/2022-04/22/content_5686742.htm

…

10. 人工智能技术应用新闻生产现状及发展研究含泪文化 3 月 16 日

http://baijiahao.baidu.com/s?id=1727435414888325421&wfr=spider&for=pc

程序 6.8　采集结果

从程序6.8中可以观察到采集结果，总共有10条数据新闻的信息，其中有标题、来源、日期以及原新闻链接。可以将此方法推广到更多的网站和新的场景。

6.1.2 闭源付费爬虫

（1）八爪鱼采集器

八爪鱼采集器是一款国内公司开发的通用的互联网数据采集器。八爪鱼采集器可以模拟人浏览网页的行为，通过可视化的操作界面（图6.9），简单的页面勾选，生成自动化的采集流程，从而将网页数据转化为结构化数据，存储于csv文件或数据库。对比Python requests的方式发现，当前的这类采集器相当于提供了简化的低代码可视化编程环境，并流程化地引导用户完成所有的操作，同时其还提供基于云的云采集解决方案，实现大规模数据采集，提高数据采集效率和采集的规模。八爪鱼官方链接见本章末二维码中链接6.2。

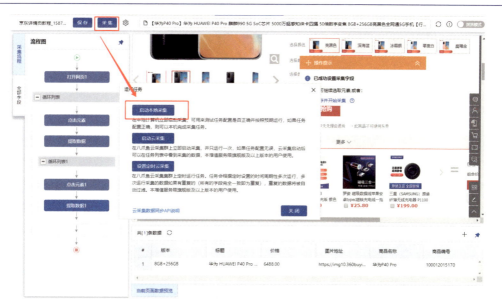

图6.9 八爪鱼爬虫

图6.9为采集京东官网的实例，链接见本章末二维码中链接6.3。从图上左侧部分能够可视化用户抓取的工作流（workflow），即使没有经验的用户，也可以

被引导以规范化的流程操作,右侧可以打开相应的网页界面,用户在页面上操作,工具自动记录用户操作并自动记忆,以方便之后触发相同流程和操作。相比 Python 的方式,要简单和高效很多,但是当前这类工具一般需要付费使用。

(2)集搜客 GooSeeker

集搜客 GooSeeker 软件开发始于 2007 年,其不仅提供基本的爬虫功能,一定程度上也通过众包的方式进行数据标注,每个标签代表数据对象的一个维度,多维度整合,剖析此知识对象,如图 6.10 所示。例如可以从以下角度进行分析:市场竞争、消费者洞察、品牌地图、企业画像。集搜客官方链接见本章末二维码中链接 6.4。

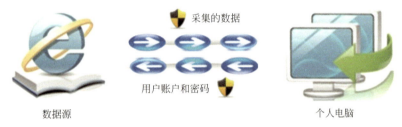

图 6.10　集搜客个人电脑采集模式

同时集搜客不仅支持个人单机采集,也支持云采集模式,让部署更加多样与简洁,如图 6.11 所示。

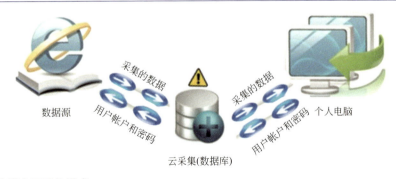

图 6.11　集搜客云采集模式

对数据量较小的场景，可以在本地单机运行爬虫进行采集，对数据量较大的场景，可以以云采集的模式运行。同时集搜客还构建了开发者社区，社区网址见本章末二维码中链接6.5，方便用户讨论与共享爬取经验和解决问题。

（3）后羿采集器

后羿采集器是由谷歌前搜索技术团队基于人工智能技术研发的网页采集软件，如图6.12所示。该软件功能丰富，操作较为简单，也是为广大无编程基础的产品、运营、新闻、电商和数据分析从业者，以及政府机关人员和学术研究者等用户量身打造的一款产品。后羿采集器不仅能够进行数据的自动化采集，而且在采集过程中还提供对数据进行清洗加工的功能，在数据源头即可实现多种内容的过滤。用户能够快速、准确地获取大规模网页数据，从而规避人工收集数据所面临的各种难题，降低了获取信息的成本，提高了工作效率。后羿采集器官方链接见本章末二维码中链接6.6。

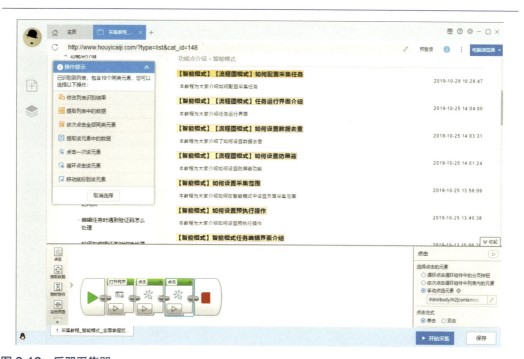

图6.12　后羿采集器

从图6.12中可以看到，通过后羿采集器，用户点击网页后，在后羿采集器中打开了页面，同时用户不断触发点击流程，软件底部形成了相关流程图，方便用户可视化和直观观察和修改相关具体流程。

综上所述，闭源数据采集器的特点为：①可视化、低代码编程界面。②自动记录用户点击流程，并解析为抓取标记。③提供大规模部署的功能。

除了动用复杂的数据采集器，用户还可以采用日常所熟悉的搜索引擎进行。

6.2　搜索引擎高级语法

搜索引擎是日常工作中使用较为频繁的获取信息和数据的工具，国内常用的搜索引擎包括百度、搜狗等，国外常用的搜索引擎包括谷歌（Google）、必应（Bing）等。在平时的生活和工作中，主要使用的是其基本功能，其实这些搜索引擎中也隐藏着很多高级语法，用好这些语法能够大幅提升制作数据新闻所需要的数据检索的效率，尤其对数据新闻从业者，用好搜索引擎至关重要。搜索引擎覆盖的互联网的信息与内容更加广泛，同时其操作简便，性能也非常好，且没有法律与法规风险，所以是首选的信息源。通过下面的实例了解一些经典的搜索引擎高级语法。

（1）搜索范围限定在网页标题中

通过intitle关键字，可以把搜索范围限定在网页标题中。

语法：把查询内容中特别关键的部分用"intitle："开头，之后接要查询的关键字。

实例：找数据新闻相关网页，就可以在搜索框中这样写："intitle：数据新闻"。

注意事项："intitle：数据新闻"，其中关键词之间没有空格，如图6.13所示。

（2）搜索范围限定在某一网站中

通过site语法，可以把搜索范围限定在某一网站中。

图 6.13　搜索引擎 intitle 搜索

语法：如果已经知道某个网站中有想要的内容，就可以利用这个语法把搜索范围限定在这个网站中来提升搜索效率。在插叙内容后面加上"site：网站域名"。

实例：CSDN 博客（blog.csdn.net）中大数据的相关文章，就可以在搜索框中这样写："大数据 site：blog.csdn.net"。

注意事项："site："和后面的网站域名之间不要带空格，也不要带"http：//"，如图 6.14 所示。

（3）搜索范围限定在特定链接（url）中

通过 inurl 把搜索范围限定在特定链接（url）中。

图 6.14　搜索引擎 site 搜索

语法：网页的 url 中的部分信息能够提高搜索结果的准确性。用"inurl：关键词"，url 后面跟着 url 中出现的关键词。

实例：查询"大数据"，就可以在搜索框中这样写："大数据 inurl：blog"。这表示大数据可以出现在网页的任何位置，blog 这个词出现在网页 url 中。

注意事项："inurl："和后面所跟的关键词之间不要有空格，如图 6.15 所示。

（4）精确匹配

使用""和《》进行精确匹配。

语法：当用户进行查询的词很长时，可能会导致百度把这个查询词拆分，而搜索结果并没有达到用户预期。可以给这个查询词加上双引号""，或书名号《》，强制让搜索引擎百度不拆分查询词。

实例：在搜索框中输入查询"数据新闻与大数据"，加上双引号（中英文双引号均可），如图 6.16 所示，获得的结果就是完全符合要求的。

图 6.15 搜索引擎 inurl 搜索

图 6.16 搜索引擎 "" 搜索

注意事项：书名号在百度有两个特殊功能：一是书名号会出现在搜索结果中；二是被书名号括起来的内容不会被拆分，这个在查询电影书籍时特别有效。

（5）搜索结果中不含有特定查询词

让搜索结果中不含有特定查询词使用减号"–"。

语法：如果搜索结果中有些是不需要的，且这些网页都包括特定关键词，那么用减号语法可以去除这些含有特定关键词的网页。

实例：如果搜索"数据新闻"，但不希望出现"英文"二字，那么可以这样查询：数据新闻-英文，如图6.17所示。

图6.17 搜索引擎–搜索

注意事项：前一个关键词（本例中为"数据新闻"）和减号之间必须有空格，没有空格时，减号会被当成连字符。

（6）搜索结果中包含特定查询词

通过加号"+"让查询中包含特定查询词。

语法：查询词用加号"+"语法，可以在搜索结果中包含特定关键词的所有网页。

实例：数据新闻+大数据。查询词"数据新闻"在搜索结果中，"大数据"也必须包含在搜索结果中。如图6.18所示。

图6.18　搜索引擎+搜索

（7）搜索范围限定在指定文档格式中

通过filetype关键词将搜索范围限定在指定文档格式中。

语法：查询词用filetype语法可以限定查询词出现在指定的文档中，支持的文档格式有pdf、doc、xls、ppt、rtf等。对于找文档资料很有帮助。

实例：大数据 filetype：doc。只检索含有"大数据"关键词的doc文档。如图6.19所示。

（8）百度高级搜索页面

访问百度高级搜索网址（网址见本章末二维码中链接6.7），百度高级搜索页面将上面的所有的高级语法集成，用户不需要记忆语法，只需要填写查询词和选择相关选项就能完成复杂的语法搜索。如图6.20所示。

图 6.19 搜索引擎 filetype 搜索

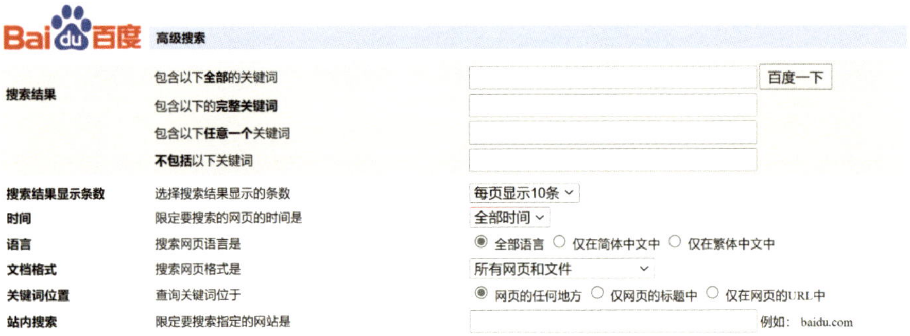

图 6.20 搜索引擎高级搜索

6.3 元数据搜索

元数据搜索即元搜索。元搜索引擎（meta-search engine）是一种调用其他独立搜索引擎（例如百度等）并汇总返回查询结果的搜索引擎，亦称"搜索引擎之母（the mother of searching engines）"。相比元搜索引擎，可被利用的独立搜索引擎称为"源搜索引擎"(source searching engine),或"搜索资源"(searching resources),这样就让元搜索引擎不必像源搜索引擎一样维护海量的服务器和存储,成本大幅度降低,但是由于其需要不断整合和调用其他接口,调用频率、请求响应速度等会受到一定影响,进而影响用户体验,所以比较适合在特定的场景使用,例如测试搜索引擎效果、检索更全的结果等场景。整合、调用和优化利用源搜索引擎的技术,统称为"元搜索技术"(meta-searching technique),元搜索技术是元搜索引擎的技术核心。

最早的元搜索是Metacrawler,它隶属于Infospaceinc.。最开始在网上运行的时间为1995年,是由华盛顿大学的学生Erik和教授Oren etzin共同开发研制的,具有同时调用Google、Yahoo、Ask Jeeves About、LookSmart等搜索引擎的功能。调用后其按检索结果相关度,给出更为精确和详细的结果。它可以对互联网网页、图像、音频、新闻等数据项进行筛选与检索。接下来通过使用一款元搜索引擎(网址见本章末二维码中链接6.8)进行搜索(图6.21),进而观察其检索效果(图6.22)。

图6.21 元搜索

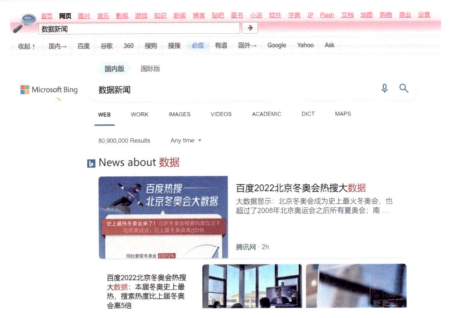

图 6.22 元搜索返回搜索结果

从图 6.21 和图 6.22 可以看到，以一个元搜索引擎为例，在搜索引擎中输入待搜索的关键词——"数据新闻"，元搜索引擎调用了多个公共的搜索引擎并返回相应搜索引擎结果。元搜索引擎适合利用多个搜索引擎的优势，返回更加全面的结果。当前使用的元搜索还较为初级，只是单纯地将查询发送到每一个搜索引擎并分别返回结果，并没有对搜索结果进行进一步的智能排序，但是这个功能对想获取更为全面的数据新闻数据的需求更为合适。

6.4 公开数据集下载

目前政府和各个机构开放了很多开源数据集，这些数据集具有权威、质量高等特点，这部分数据可以在数据新闻中使用。使用这类数据集不需要一条一条地抓取和检索汇总，一次能下载一批高质量的数据，但是这类公开数据集的缺点是较为滞后。常用公开数据集来源有：政府公开数据集、国际开放数据集、媒体公开数据集、教育公开数据集、行业公开数据集等。部分政府、国际、媒体和教育公开数据集见下方二维码。

扫码获取本章公开
数据集链接

互联网中还有很多其他可以使用的公开数据集，感兴趣的读者可以通过搜索引擎检索并下载、分析，作为制作数据新闻的素材。

6.5 数据采集法律与法规

当前，数据合规也是国家非常重视的方面，通过爬虫进行数据采集也有很多的约束，如果使用或采集不当，会涉及法律风险，有开发者总结了中国大陆爬虫开发者涉诉与违规的相关新闻、资料与法律法规。链接见本章末二维码中链接6.8。在抓取网络数据时，一定要遵循相关法律法规，规避法律风险。

如果是个人抓取一般容易出问题的场景是：

①抓取个人敏感信息；②抓取涉及版权的数据；③造成被抓取网站宕机。

这些场景一定要在开始就予以避免，防止触碰法律法规红线。知道了爬虫的禁区与代表性案例，还十分有必要了解以下相关法律介绍。

（1）非法获取计算机系统数据罪

《中华人民共和国刑法》（以下简称《刑法》）第二百八十五条规定，非法获取计算机信息系统数据、非法控制计算机信息系统罪，是指违反国家规定，侵入国家事务、国防建设、尖端科学技术领域以外的计算机信息系统或者采用其他技术手段，获取该计算机信息系统中存储、处理或者传输的数据，情节严重的行为。《刑法》第二百八十五条第二款明确规定，犯本罪的，处三年以下有期徒刑或者拘役，并处或者单处罚金；情节特别严重的，处三年以上七年以下有期徒刑，并处罚金。

（2）侵犯商业秘密罪

《反不正当竞争法》第九条规定，以不正当手段获取他人商业秘密的行为即已经构成侵犯商业秘密。而后续如果进一步利用，或者公开该信息，则构成对他人商业秘密的披露和使用，同样构成对权利人的商业秘密的侵犯。

（3）非法侵入计算机信息系统罪

《刑法》第二百八十六条规定，违反国家规定，对计算机信息系统功能进行删除、修改、增加、干扰，造成计算机信息系统不能正常运行，后果严重的，构成犯罪，处五年以下有期徒刑或者拘役；后果特别严重的，处五年以上有期徒刑。而违反国家规定，对计算机信息系统中存储、处理或者传输的数据和应用程序进行删除、修改、增加的操作，后果严重的，也构成犯罪，依照前款的规定处罚。

（4）网络安全法

《网络安全法》第四十四条规定：任何个人和组织不得窃取或者以其他非法方式获取个人信息。因此，如果爬虫在未经用户同意的情况下大量抓取用户的个人信息，则有可能构成非法收集个人信息的违法行为。

（5）民法总则

《民法总则》第111条规定：任何组织和个人需要获取他人个人信息的，应当依法取得并确保信息安全。不得非法收集、使用、加工、传输他人个人信息。

（6）侵犯公民个人信息罪

《刑法》修正案（九）中将刑法第二百五十三条进行了修订，明确规定违反国家有关规定，向他人出售或者提供公民个人信息，情节严重的，构成犯罪；在未经用户许可的情况下,非法获取用户的个人信息,情节严重的也将构成"侵犯公民个人信息罪"。根据《最高人民法院、最高人民检察院关于办理侵犯公民个人信息刑事案件适用法律若干问题的解释》第五条规定,对"情节严重"的解释,①非法获取、出售或者提供行踪轨迹信息、通信内容、征信信息、财产信息五十条以上的;②非法获取、出售或者提供住宿信息、通信记录、健康生理信息、交易信息等其他可能影响人身、财产安全的公民个人信息五百条以上的;③非法获取、出售或者提供第三项、第四项规定以外的公民个人信息五千条以上的便构成"侵犯公民个人信息罪"所要求的"情节严重"。

所以进行信息采集前一定要做好功课,不要盲目和大量采集数据,防止触碰法律法规红线。

扫码获取本章内容
中相关链接

第 7 章

数据分析

数据分析是数据和数据新闻之间的桥梁,没有数据分析就无法将数据加工为洞察和图表,也就无法制作数据新闻,如图7.1所示。但是,如何进行数据分析?有什么工具能够辅助进行数据分析?

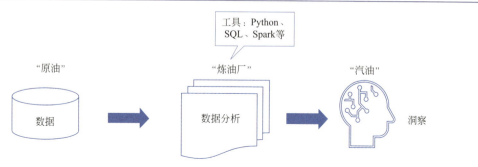

图 7.1 数据分析是数据新闻的"炼油"方法与技术

本章将围绕以上的问题展开,将通过Python数据分析、相关性因素分析等介绍数据新闻进行数据分析常见的一些典型场景和工具。

7.1 基于Python的数据分析

Python由荷兰数学和计算机科学研究学会的吉多·范罗苏姆于1990年代初设计,是一门叫作ABC语言的替代品。Python提供了高效的高级数据结构,还能简单有效地面向对象编程。2021年10月,语言流行指数的编译器Tiobe将Python加冕为最受欢迎的编程语言,20年来首次将其置于Java、C和JavaScript之上。

近年来,数据分析正在改变人们的工作方式,数据分析相关工作(例如金融领域、互联网领域,甚至新闻领域等存在大量数据分析的岗位)也越来越受到人们的青睐。当前其实有很多编程语言都是面向数据分析场景而设计的,比如R语言、Matlab语言、Python等,对于想从事数据分析的初学者,选择哪门编程语言呢?目前社区中越来越多的开发者选用Python语言,有以下一些原因。

① Python语言简单、易学,适合初学者作为入门语言。Python语言相比其

他高级语言，例如C++和Java等，不需要用户写类型标注，不需要构建整个项目才能执行，通过GIL（全局解释器锁）虽然牺牲性能，但是让并行编程更加简化。这些特点让Python语言代码量更小，环境配置更加简单，无疑让开发者的上手门槛更低，学习曲线不再陡峭，所以吸引了大量的数据分析和算法工程师等加入到社区，并使用Python进行数据分析。

② Python拥有一个巨大而活跃的数据分析社区。Python在数据分析、数据可视化、人工智能等方面都有非常成熟的库和活跃的社区，使得Python成为数据处理任务的重要语言。在数据处理和分析方面，Python拥有NumPy、Pandas、matplotlib、scikit-learn等一系列非常优秀的库和工具。一个庞大的社区有很多好处：更丰富的开源工具链；遇到程序缺陷（bugs），在社区得到答复和帮助，更快地解决相应问题；应用的公司更广，对使用者来说更容易找到相应的工作，市场价值更高。其数据分析生态图如图7.2所示。

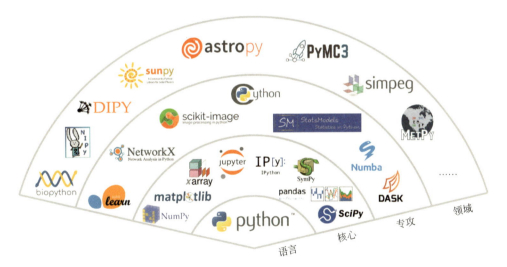

图7.2　Python有强大的数据分析生态
（该图引自本章末二维码中链接7.1）

③ Python拥有强大的通用编程能力。不同于R语言或者Matlab只针对数据分析场景设计，Python不仅在数据分析与数据挖掘方面能力强大，在爬虫、可视化、自动化运维等很多领域都有广泛的应用，这样就方便构建一体化的数据分析

流水线，例如通过爬虫抓取数据，通过数据分析库进行高效的数据分析，通过可视化库最终将数据可视化展示等，这样就减少再额外学习和调用其他工具，从而提升工作效率。

④ Python是大数据和人工智能时代的通用语言。在大数据、人工智能火热的今天，Python已经成为数据分析和人工智能场景下应用最为广泛的编程语言。大部分库虽然内核不是使用Python进行开发的，但无一例外都提供了相应的Python接口，在Python代码中可以无缝衔接和调用。比如当前流行的深度学习框架TensorFlow，它虽然是C++编写的，但对Python语言支持最好，用户主要通过Python调用和使用它。

7.1.1 数据探索

数据探索在维基百科的定义是："数据探索是一种类似于初始数据分析的方法，数据分析师使用可视化探索来了解数据集中的内容和数据的特征，而不是通过传统的数据管理系统。这些特征可以包括数据的大小或数量、数据的完整性、数据的正确性、数据元素或数据中的文件/表之间的可能关系。数据探索通常结合自动和手动活动进行。自动化活动可以包括数据分析或数据可视化或表格报告，以使分析师初步了解数据并了解关键特征。"

当已经下载或抓取好需要使用的原始数据后，在展开数据分析之前，一般都需要做一定的数据探索性分析，在这个过程中，首先了解数据的格式、类型，以及有多少数据、数据质量等问题，为后面规划数据分析任务或者确认数据可用至关重要。可以通过NumPy或者Pandas等现有库的API进行数据统计分析。

（1）NumPy库

NumPy（Numeric Python）的前身为Numeric，最早由Jim Hugunin与其他协作者共同开发，目前NumPy为开放源代码，并且由许多协作者共同维护开发，其数据分析生态如图7.3所示。NumPy提供了许多高级的数值编程工具，非常适合做矩阵和向量处理，由于机器学习中的数据格式主要为矩阵，所以NumPy作为数据预处理库广泛用于机器学习场景。

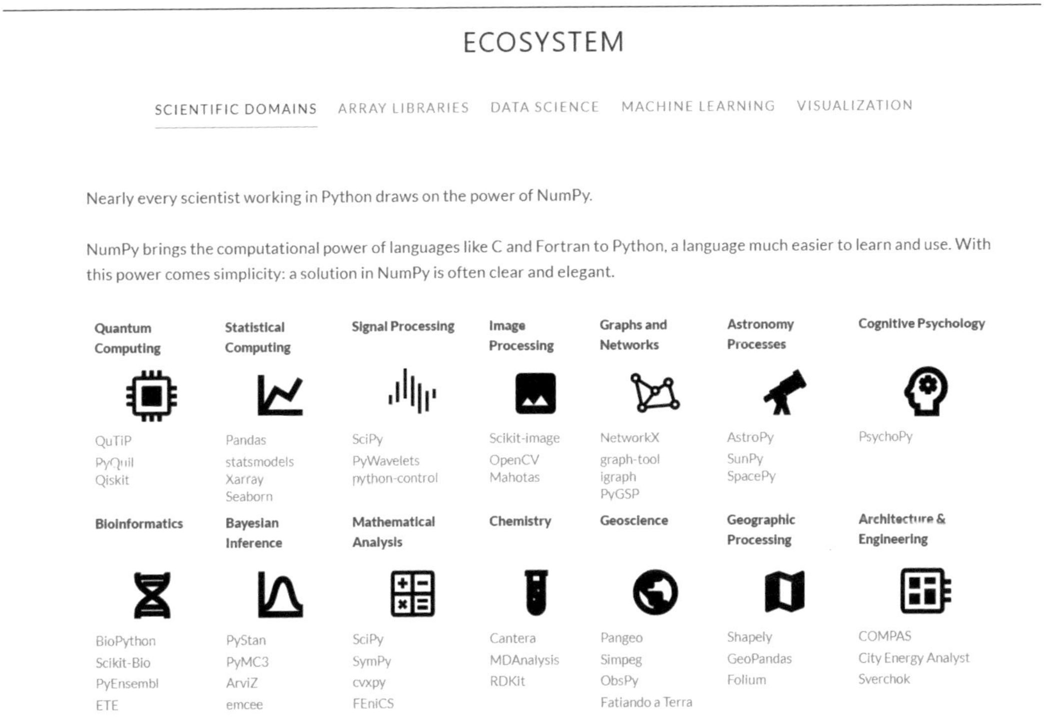

图 7.3　NumPy 强大的数据分析生态

如图7.3所示，在NumPy的官网罗列了其广泛的生态，其本身不仅有丰富的功能，还被广泛用于其他数据分析库，例如Pandas、SciPy等Python数据分析库。

（2）Pandas库

Pandas是基于Python的一个数据分析库，由AQR Capital Management于2008年4月开发，并于2009年底开源出来，目前由专注于Python数据包开发的PyData小组续开发和维护，属于PyData项目的一部分。Pandas最早是作为金融领域数据分析工具而开发的，所以Pandas为时间序列（金融领域大部分是包含有时间戳的时间序列数据）分析提供了很好的支持。Pandas的名称取自于面板数据（panel data）和数据分析（data analysis）的简写。面板数据是经济学中关于多维数据集的一个术语。可以通过Pandas库做数据探索性分析和基本的数据预处理，是工作中高频使用的一款工具库。

Pandas依赖NumPy，相比NumPy，Pandas有数据的模式（Schema），也就是列属性名字，这样方便阅读和操作，NumPy更适合科学计算中的矩阵计算。

（3）数据探索分析（exploratory data analysis，EDA）

在统计学中，探索性数据分析是一种分析数据集以总结其主要特征的方法，通常使用基本数据统计和数据可视化方法。自1970年以来，John Tukey一直在推广探索性数据分析，以鼓励统计学家探索数据，并提出数据收集和实验的新的假设。EDA不同于初始数据分析，更侧重于检查数据是否满足所需的假设，并根据需要处理缺失值和进行变量转换。在数据探索分析中可以对整体数据进行分析和观察数据的性质。

```python
import pandas as pd
# 生成练习数据
data = {'Name':['Tom', 'Brad', 'Kyle', 'Jerry'],
        'Age':[20, 21, 19, 18],
        'Height' : [6.1, 5.9, 6.0, 6.1]
        }
# 创建 Pandas 中的 DataFrame 数据结构
df = pd.DataFrame(data)
print(" 观察原始 DataFrame \n {} \n".format(df))
print(" 看列名 \n {} \n".format(df.columns))
print(" 看每列性质，空值和类型 \n {} \n".format(df.info()))
print(" 看每列统计信息 \n {} \n".format(df.describe()))
```

程序 7.1 Pandas 进行探索性数据分析

如程序7.1所示，首先创建data变量，其为一个DataFrame，可以打印DataFrame观察结果。从程序7.2中可以看到，通过打印df，有Name、Age和Height列，并且有0~3总共4行数据。

```
观察原始 DataFrame
    Name  Age  Height
0    Tom   20     6.1
1   Brad   21     5.9
2   Kyle   19     6.0
3  Jerry   18     6.1
```

程序 7.2　DataFrame 数据打印结果

通过程序 7.3 可以看到，通过 df.columns 打印列名，能观察到其包含三个列，分别是 Name、Age 和 Height。

```
看列名
 Index(['Name', 'Age', 'Height'], dtype='object')
```

程序 7.3　看列名

通过程序 7.4 可以观察到，通过 df.info（）可以获取列名、包含这列数据的行，及判断空值、数据类型、消耗的内存。

```
看每列性质，空值和类型
<class 'pandas.core.frame.DataFrame'>
RangeIndex: 4 entries, 0 to 3
Data columns (total 3 columns):
 #   Column  Non-Null Count  Dtype
---  ------  --------------  -----
 0   Name    4 non-null      object
 1   Age     4 non-null      int64
 2   Height  4 non-null      float64
```

```
dtypes: float64(1), int64(1), object(1)
memory usage: 224.0+ bytes
```

程序 7.4　看每列性质、空值和类型

从程序 7.5 中可以观察到，通过 df.describe( ) 可以获取每列的均值、最大值、最小值，以及 25%、50% 和 75% 分位数，同时也可以获取行数、判断空值、方便判断异常值和观察单列的数据分布。

```
看每列统计信息
              Age      Height
count    4.000000    4.000000
mean    19.500000    6.025000
std      1.290994    0.095743
min     18.000000    5.900000
25%     18.750000    5.975000
50%     19.500000    6.050000
75%     20.250000    6.100000
max     21.000000    6.100000
```

程序 7.5　看每列统计信息

（4）数据统计分析

数据统计分析中可以针对特定列进行统计分析。除了对每列进行 describe( )，也可以单独调用相应的 API 拿到想要的统计结果。如程序 7.6 所示，可以通过相应的 API 获取列中的统计信息，例如最大值、最小值、均值等。

```
import pandas as pd
# 生成练习数据
```

```python
data = {'Name':['Tom', 'Brad', 'Kyle', 'Jerry'],
        'Age':[20, 21, 19, 18],
        'Height' : [6.1, 5.9, 6.0, 6.1]
        }
# 创建 Dataframe
df = pd.DataFrame(data)
age = df.Age  # 筛选出 Age 列
age.count() #非空元素计算
age.min() #最小值
age.max() #最大值
age.idxmin() #最小值的位置,类似于 R 中的 which.min 函数
age.idxmax() #最大值的位置,类似于 R 中的 which.max 函数
age.quantile(0.1) #10% 分位数
age.sum() #求和
age.mean() #均值
age.median() #中位数
age.mode() #众数
age.var() #方差
age.std() #标准差
age.mad() #平均绝对偏差
age.skew() #偏度
age.kurt() #峰度
age.describe() #一次性输出多个描述性统计指标
```

程序 7.6　获取单列各项统计值

7.1.2　词云

词云又叫文字云,是对文本数据中出现频率较高的"关键词"在视觉上突出呈现(例如可以把单词出现的频率可视化为字的大小或颜色),形成关键词

的渲染图，类似云一样的彩色图片，从而一眼就可以领略文本数据的主要表达意思。在很多资料中，都能看到它的身影。它为什么这么受欢迎呢？因为其可视化效果好，可以过滤无用的文本、渲染频率高的关键字，通过字体大小对比就能区分词频。

通过下面的实例了解如何构建词云。程序7.7的命令能够安装之后程序依赖的库。其中wordcloud能够形成词云，jieba能将文本切分成词，是分词工具，matplotlib是可视化库。

```
pip install wordcloud
pip install jieba
pip install matplotlib
```

程序 7.7　安装词云依赖环境

程序7.8能够可视化词云，其中主要经历两步。首先将文本切分成词，之后再可视化。

```python
# 导入依赖：可视化库 matplotlib, 词云生成库 wordcloud, 分词库 jieba
import matplotlib.pyplot as plt
from wordcloud import WordCloud
import jieba
# 直接利用当前的文本字符串
text = " 数据新闻，又叫数据驱动新闻。数据新闻在大数据技术的推动下发生质和量的飞跃。\
        数据新闻是随着数据时代的到来出现的一种新型报道形态， \
        是数据技术对新闻业全面渗透的必然结果， \
        它的出现在一定程度上改变了传统新闻生产流程。"
# 使用 jieba 进行分词，并对分词的结果以空格隔开
words = jieba.cut(text, cut_all = True)
```

```
words_joined = " ".join(words)
# 分词后的文本生成词云
# 中文字体需要引入和下载字体库 SourceHanSerifCN-VF.ttf，字体库链接 https://github.com/adobe-fonts
font = '/path/SourceHanSerifCN-VF.ttf'
wordcloud = WordCloud(font_path=font, background_color="white", \
                      width=2800, height=1600).generate(words_joined)
print(wordcloud)
# 可视化展示词云图
plt.imshow(wordcloud)
# 不展示坐标轴
plt.axis("off")
# 保存为图片
plt.savefig("word_cloud.png")
```

程序 7.8 词云可视化

程序7.8的可视化效果最终如图7.4所示，其中字体比较大的单词说明其出现的次数较多，可以将词云的展示结果放入到报告、PPT等资料中，提升展示效果，更加直观观察到其效果。

图 7.4 词云效果图

除了本地使用 Python 库进行词云生成，还可以采用在线服务进行词云的生成，免去了本地安装依赖，构建起来更加方便。劣势是不能定制更加个性化的词云呈现效果。

利用 monkeylearn，如图 7.5 所示可以在其服务中输入文字。链接见本章末二维码中链接 7.2。

图 7.5　monkeylearn 输入词云

之后点击"Generate cloud"，则可以生成如图 7.6 所示的词云效果。

图 7.6　monkeylearn 生成词云

最后总结一些其他词云可视化在线工具，见本章末二维码中链接7.3～链接7.6。

7.1.3 图数据可视化分析

维基百科对图（Graph）的定义是："在计算机科学中，图是一种抽象数据类型，旨在实现数学中图论领域的无向图和有向图概念。图数据结构由一组有限的（可能是可变的）顶点（也称为节点或点）以及一组无向图的这些顶点的无序对或一组有向图的有序对组成。这些对称为边（也称为链接或线），对于有向图也称为边，但有时也称为箭头或弧。顶点可以是图结构的一部分，也可以是由整数索引或引用表示的外部实体。图数据结构还可以将某个边值与每个边相关联，例如符号标签或数字属性（成本、容量、长度等）。"如图7.7所示，是一个具有三个顶点（圆圈）和三条边（箭头）的有向图。

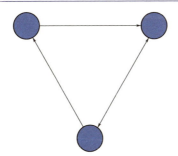

图7.7　图（Graph）（图片来源 Wikipedia）

图数据分析越来越多地出现在数据新闻的场景中，常见的图数据分析需求有：

① 社交网络。例如，可视化人与人之间的社交关系。

② 人物关系分析。例如，可视化人与人之间关系（例如，共同工作过）。

③ 知识图谱。例如，可视化知识概念之间的关系。

④ 企业关系图谱。例如，可视化企业、法人之间的关联关系。

图数据分析包含以下技术流派：

① 图数据可视化。

② 用于联机事务图的持久化技术（通常直接实时地从应用程序中访问）。这类技术被称为图数据库，它们和通常的关系型数据库世界中的联机事务处理（online transactional processing，OLTP）数据库是一样的。

③ 用于离线图分析的技术（通常都是按照一系列步骤执行）。也就是常见的图算法与机器学习技术。

在数据新闻中，通常进行图数据的可视化已经能解决大部分场景的需求，读者如果有更深的图数据分析需求，可以按照上面介绍的脉络进一步展开分析。本小节将通过networkx可视化呈现图数据的点边关系，networkx支持的图的类型和API接口情况如下。

① Graph类是构建无向图，无向图能有自己的属性或参数，不包含重边，允许有回路，节点可以是任何hash的Python对象，节点和边可以保存key/value属性对。

② MultiGraph是可以有重边的无向图，其他和Graph类似。

③ DiGraph是有向图的基类，有向图可以有自己的属性或参数，不包含重边，允许有回路。

④ MultiDiGraph是可以有重边的有向图，其他和DiGraph类似。

接下来通过下面的实例可视化图数据，之后读者可以替换为其他的关系图，例如，事件关系图，达到举一反三，在数据新闻中使用图数据可视化呈现复杂关系和图谱。通过执行程序7.9可以安装networkx库进行图数据结构的构建，通过matplotlib进行图数据的可视化。

```
pip install networkx
pip install matplotlib
```

程序7.9　安装网络可视化依赖

通过程序7.10构建的人物关系数据，可以可视化人物关系，读者也可以考虑替换为其他类型的图数据。

```python
import networkx as nx
import matplotlib.pyplot as plt

# 定义有向图
dg = nx.DiGraph()
# 添加四个节点
dg.add_nodes_from(['Tom', 'Jack', 'Jim', 'Andy'])
# 添加边
dg.add_edges_from([('Tom', 'Jack'), ('Tom', 'Jim'), ('Jim','Tom'),
('Jim','Andy'), ('Andy','Tom')])
# 绘制图形，设置节点名显示、节点大小、节点颜色
nx.draw(dg, node_size = 900, with_labels = True)
# 保持为图片
plt.savefig("network.png")
```

程序 7.10　人物关系可视化代码实例

通过图 7.8 可以观察到，程序 7.10 可视化出的人物关系比单纯看数据本身更加直观，如果需要可视化关系的数据新闻，读者可以考虑以当前实例为例进行可视化。

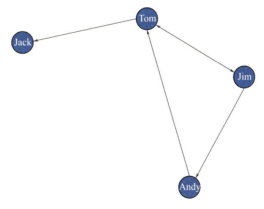

图 7.8　人物关系可视化效果图

7.2 相关性因素分析

很多情况下会关注一个因素（也可以称作特征）与另一个因素之间的相关性。例如当前新闻产生的结果是什么原因造成的？可以将问题映射为机器学习中的特征选择问题，根据特征选择的形式又可以将判断相关性的方法分为3大类，如图7.9所示。

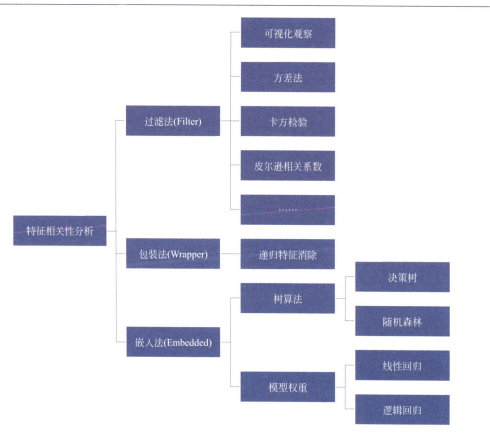

图 7.9 常用判定相关性的方法

① 过滤法（Filter）。不用考虑多个因素，只需要考虑因素和结果之间的相关性，设定阈值或者待选择阈值的个数，选择相关因素。例如，可以通过皮尔逊相

关系数等指标进行筛选。

② 封装法（Wrapper）。是一种使用模型进行特征选择的方法，通过反复训练模型和选择特征，最终选择最相关的特征。

③ 嵌入法（Embedded）。使用某些机器学习的算法和模型进行训练，得到各个特征的权值系数，根据系数从大到小选择特征。例如，通过决策树、线性回归、逻辑回归等算法。

关于工具，通常可以使用Scikit-learn库中的feature_selection模块进行特征选择。scikit-learn是一个基于Python的应用广泛的机器学习与特征工程库。接下来看这几种方式如何达到筛选相关因素的效果。

7.2.1 过滤式

过滤式方法更关注单因素和结果的相关性，可以不依赖其他因素之前的关系而独立分析与计算。对每个因素的相关性的结果也可以排序，进而推广到选择Top K相关因素。

（1）方差选择法

使用方差选择法，先要计算各个特征的方差，然后根据阈值，选择方差大于阈值的特征，一般方差越大的列越容易和结果有一定相关性。例如，程序7.11使用feature_selection库的VarianceThreshold类来选择特征。

```python
from sklearn.feature_selection import VarianceThreshold
# 方差选择法，返回值为特征选择后的数据
# 参数threshold为方差的阈值
from sklearn.datasets import load_iris
test_data = load_data()
print(VarianceThreshold(threshold=3).fit_transform(test_data.data))
print(test_data.data[0:5])
```

程序 7.11　方差选择法

（2）皮尔逊相关系数

　　皮尔逊相关系数是一个常用的衡量因素相关性的指标。在统计学中，皮尔逊积矩相关系数（Pearson product-moment correlation coefficient）用于度量两个变量 X 和 Y 之间的相关程度（线性相关），其值介于 -1 与 1 之间。在自然科学领域中，该系数广泛用于度量两个变量之间的线性相关程度。程序7.12实现使用皮尔逊相关系数来判断两个列的相关性。

```python
import numpy as np
from random import random


def pcc(X, Y):
    ''' 计算皮尔逊相关系数． '''
    # 规范化 X 和 Y
    X -= X.mean()
    Y -= Y.mean()
    # 标准化 X 和 Y
    X /= X.std()
    Y /= Y.std()
    # 计算乘积的均值
    return np.mean(X*Y)


# 随机生成两列数据
X = np.array([random() for x in range(100)])
Y = np.array([random() for x in range(100)])
# 调用判断 X 和 Y 相关性
print(pcc(X, Y))
```

程序 7.12　皮尔逊相关系数

7.2.2 封装式

封装式的算法需要在整个因素集合上进行，不断排除相关性低的因素，计算成本较大，但是相比过滤式更加准确。下面介绍递归特征消除法。

递归特征消除法使用一个基模型（例如决策树、逻辑回归等机器学习模型）来进行多轮训练，每轮训练后，消除若干低相关性的因素（特征），再基于新的因素集进行下一轮训练。程序7.13展示了使用feature_selection库的RFE类来选择特征，selector.ranking_最终能够获取每个因素的重要性，重要性越高，代表与结果的相关性越高。

```python
from sklearn.feature_selection import RFE
from sklearn.linear_model import LogisticRegression

test_data = load_data()
print(iris.data[0:5])
selector = RFE(estimator = LogisticRegression(), n_features_to_select = 3).fit(test_data.data, iris.target)
print(selector.ranking_)
```

程序 7.13　递归特征消除

7.2.3 嵌入式

嵌入式的方式相比递归特征消除（需要训练多个模型）更快，因为只需要训练一个模型。

（1）基于权重的特征选择法

对于逻辑回归和线性回归等模型，如果数据统一了单位量纲，训练完成后其权重越大，一般代表这个特征越重要。如公式（7.1），如果a_k最大，则x_k和y更有相关性。

$$y = a_0 + a_1x_1 + a_2x_2 + \cdots + a_nx_n \qquad (7.1)$$

程序7.14是使用feature_selection库的SelectFromModel类，并结合配置L1正则化项（更容易让权重变得稀疏，含0更多，更有区分度）的逻辑回归模型。

```
from sklearn.feature_selection import SelectFromModel
from sklearn.linear_model import LogisticRegression

SelectFromModel(LogisticRegression(penalty="l1", C=0.1)).fit_
transform(iris.data, iris.target)
```

程序 7.14　基于逻辑回归特征选择

（2）基于树模型的特征选择法

如图7.10所示，决策树最终会学习出一个树状模型，黄色部分是叶子，因素条件1是树根，越接近树根意味着因素越重要，这样就能够通过树模型将因素的重要程度排序，获取相关度高的因素。

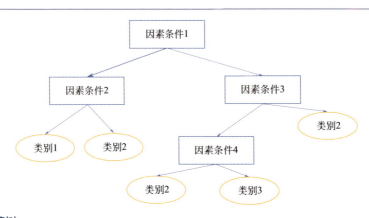

图 7.10　决策树

树模型中决策树（decision tree）模型可用来作为基模型进行特征选择，使用sklearn库的DecisionTreeClassifier模型来选择特征的代码如程序7.15所示，其中feature_importances_返回的是各个特征的重要性评分。

```python
from sklearn.datasets import load_iris
from sklearn.tree import DecisionTreeClassifier
# 加载 iris 数据集
iris = load_iris()
# 构建决策树分类器
clf = DecisionTreeClassifier(random_state=0)
# 训练模型
model = clf.fit(iris.data, iris.target)
# 打印特征重要性
print(model.feature_importances_)
```

程序 7.15　基于树模型的特征选择

通过本章，读者可以了解基本的数据探索性分析，如何制作词云、关系图，以及判断相关性，这些内容都是制作数据新闻的比较实用的数据分析技术，数据分析涉及的知识非常广，如果读者有更深入或更广泛的数据分析需求，可以参考并开掘上面介绍的库的额外功能或其他Python数据分析库，拓展数据分析的技能。

扫码获取本章内容
中相关链接

第 8 章
数据可视化

数据可视化（data visualization）是一个跨学科领域，是处理数据和信息的图形表示。当数据或信息很多（例如时间序列）时，数据可视化是一种特别有效的通信方式。可视化是数据新闻中呈现数据分析结果、展示洞察的高效手段，可视化可以将信息以直观和易于理解的方式呈现给读者，可以快速抓住读者的眼球。但是不禁要问，如何进行可视化？有什么工具能够进行高效可视化呈现？本章将围绕以上的问题展开，将通过PowerBI等工具介绍可视化常见的一些典型场景和工具。

如图8.1所示，可视化图表的种类繁多，将在下面的内容中进行介绍。

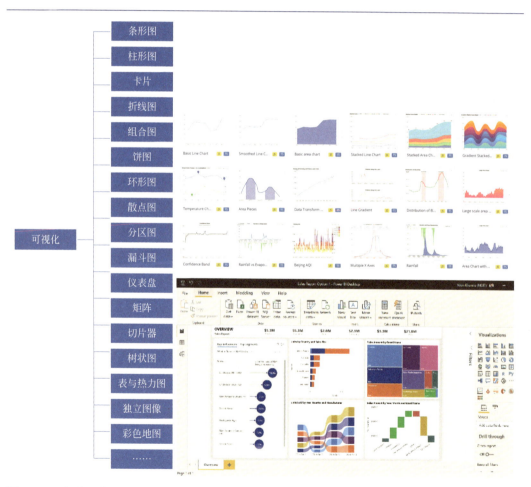

图 8.1 可视化图表

8.1 基于 Power BI 的数据可视化

Power BI 是微软公司开发的一套数据分析和可视化软件服务、应用和连接器的集合，它们协同工作以将相关数据来源转换为连贯的视觉逼真的交互式内容。Power BI 支持处理和呈现多种数据源，可以读入数据库数据、Excel 电子表格、CSV 数据，也可以是基于云和本地混合数据仓库的集合。Power BI 也可以呈现多样的可视化视觉对象（例如饼图、柱状图、折线图、树形图等），使用 Power BI，可以轻松连接到数据源，可视化并发掘洞察，根据需要与任何人共享。

Power BI 包括多种部署和使用方法（图 8.2）：

① 名为 Power BI Desktop 的 Windows 桌面应用程序。

② 名为 Power BI 服务的联机 SaaS（软件即服务）。便于组织内协同开发与共享分析报表。

③ 适用于 Windows、iOS 和 Android 设备的 Power BI 移动应用。便于移动办公查看报表。

图 8.2　Power BI 工作模式

Power BI Desktop、服务和移动应用这三种模式提供了单人使用、协同和移动办公不同场景的支持，让用户的可视化图表可以在多样场景使用。对数据新闻来说，当前只需要使用客户端的方式制作，然后保存图片放入到文章即可。如果数据新闻是组织内人员阅读，则也可以购买服务，这样可将整个报表作为数据新闻在组织内共享。

8.1.1 数据读取

Power BI支持多种数据源的加载支持，从本地文件、数据库、云服务中的数据加载，对其他数据源有良好的兼容性和支持，方便用户直接加载和使用相关数据。如图8.3所示为Power BI链接相关数据源。

Power BI支持的数据源列表见本章末二维码中链接8.1。读者可以参考本章

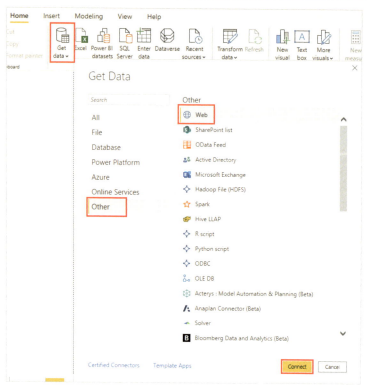

图 8.3 Power BI 链接相关数据源

末二维码中链接8.2的实例，进一步操作如何链接相关数据源。

当链接完数据源后，可以创建各种图表，展示相应的数据。在后面的内容中将使用本章末二维码中链接8.3的数据源。每年，大约有3000名无私的联合国志愿人员花费他们的时间，并提供专业知识。本实例模板和数据集提供有关志愿者地域分布和人口统计的重要见解。使用直观的过滤器，用户可以查看特定的志愿者群体，以更好地了解志愿者在联合国工作期间所参与的行动。

首先，通过图8.4的方式，用户打开已有的Power BI模板。

图8.4　Power BI点击文件，打开报表，浏览报表

打开报表后，点击数据，观察数据情况，为之后分析做准备，如图8.5所示。

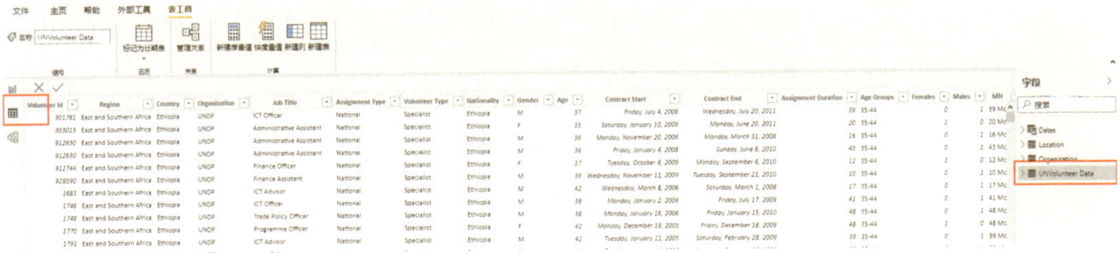

图8.5　点击想观察的报表观察数据情况

点击模型部分，可以观察数据关系，类似关系数据库中的主外键一对多关系，这样就知道不同表格之间的数据情况，如图8.6所示。

接下来，如图8.7所示，将创建一个新的页，也就是新的报表，制作后面的每个视觉对象实例。

图 8.6　点击模型，观察数据关系

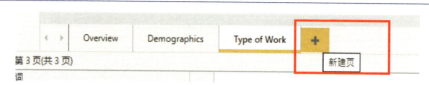

图 8.7　点击新建页创建新的报表

8.1.2　条形图和柱形图

条形图是查看跨不同类别的特定值的标准格式，展示数据分布，用来比较两个或以上的价值（不同时间或者不同条件）。柱形图和条形图的适用场景类似，条形图又称横向柱形图，有时把条形图划分为柱形图的一种。两种图的主要区别在于：当维度分类较多且维度字段名称又较长时，此时应使用条形图，因为条形图能够横向布局，适合展示较长的维度项名称。

如图 8.8 所示，选择创建簇状条形图，即可在面板中创建簇状条形图。之后

图 8.8　创建簇状条形图

可以拖拽右侧数据列到相应的轴中，这样就可以绘制相应的如图8.9中的条形图。

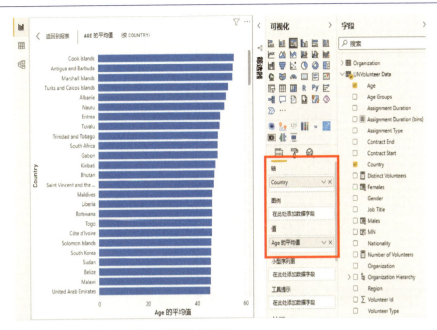

图 8.9　创建不同国家的志愿者平均年龄簇状条形图

如图8.9所示，在"轴"部分选择Country列，在"值"部分选择Age列，并右键选择平均值。如图8.10所示。

图 8.10　计算年龄的平均值

同理，还有几种不同的条形图，可以直接在图标上选择，并观察区别。如图8.11所示为堆积条形图。

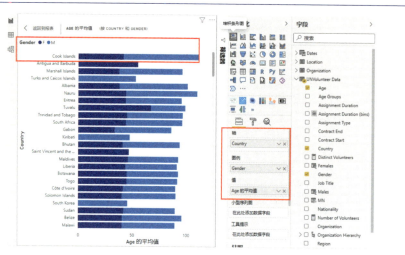

图 8.11　不同国家和性别的志愿者平均年龄堆积条形图

如图8.11所示，在一个条形中堆积呈现和对比了不同性别的平均年龄的绝对值。

如图8.12所示为不同国家和性别的志愿者平均年龄百分比堆积条形图，在一个条形中堆积呈现和对比了不同性别的平均年龄的百分比。

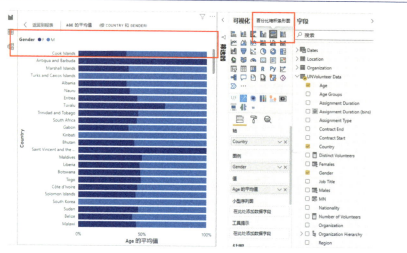

图 8.12　不同国家和性别的志愿者平均年龄百分比堆积条形图

如图8.13所示，选择创建簇状柱形图，即可在面板中创建簇状柱形图。之后可以选择右侧数据列到相应的轴中，这样就可以绘制如图8.14中的柱形图。

图 8.13　创建簇状柱形图

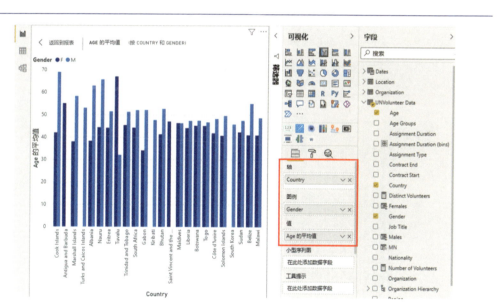

图 8.14　不同国家和性别的志愿者平均年龄簇状柱形图

如图8.15所示，选择创建堆积柱形图，即可在面板中创建堆积柱形图。其特点是相比簇状柱形图，会将相应的不同性别数据放在同一个柱中。

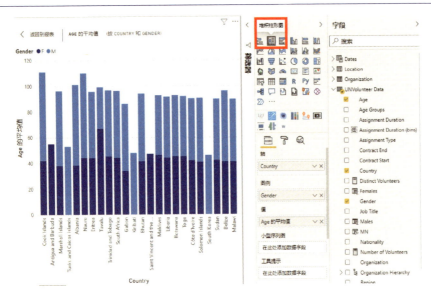

图 8.15　不同国家和性别的志愿者平均年龄堆积柱形图

如图 8.16 所示，选择创建百分比堆积柱形图，即可在面板中创建百分比堆积柱形图。其特点是相比簇状柱形图，会将相应的不同性别数据放在同一个柱中，但是不是使用绝对值，而是使用不同类别之间的百分比。

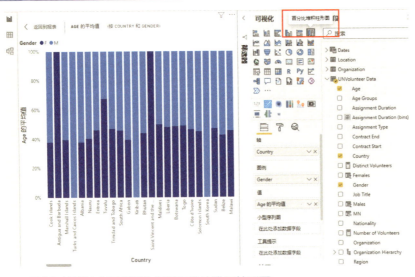

图 8.16　不同国家和性别的志愿者平均年龄百分比堆积柱形图

8.1.3 卡片

卡片有两种类型：多行卡片显示一个或多个数据点，每行一个；单个数字卡片显示单个事实、单个数据点。卡片非常适合呈现总览的聚合数据，例如总量、均值、最大值、最小值等。例如，有时在数据新闻中想要跟踪的最重要的信息就是一个数字，例如总量、同比市场份额或总数。

如图8.17所示，通过视觉对象选项创建卡片，选择相应的列到相应的轴，这样就能创建图8.18的卡片视觉对象，例如，整体志愿者平均年龄。

图 8.17 创建卡片

图 8.18 卡片
（图片来源见本章末二维码中链接8.4）

通过视觉对象选项创建卡片，选择相应的多列到相应的轴，这样就能创建图8.19的多行卡片视觉对象，例如，各个region（地区）下的age（年龄）统计。

第 8 章 数据可视化 103

图 8.19 多行卡片
（图片来源见本章末二维码中链接8.5）

8.1.4 折线图

折线图强调一系列值的整体形状与趋势，以时间为X轴，通常以时间的推移来显示。例如，数据新闻中如果想呈现某种趋势，则推荐使用折线图。

如图8.20所示，通过视觉对象选项创建折线图，选择相应的多列到相应的轴，这样就能创建图8.21的折线图视觉对象，例如，每年的不同性别的志愿者数量趋势。

图 8.20 创建折线图

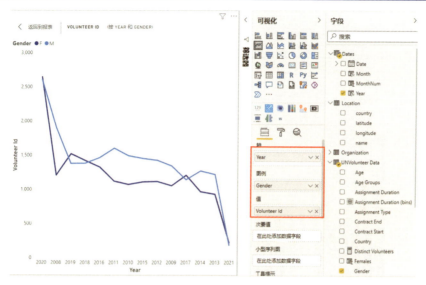

图 8.21　折线图

8.1.5　组合图

组合图是将柱形图和折线图结合在一起，通过将两个图表合并为一个图表可以进行更快地数据比较和趋势分析。组合图可以具有一个或两个 Y 轴。

组合图适用情况：①X 轴相同的折线图和柱形图。②若要比较值的范围不同的多个度量值。③若要在一个视觉对象中说明两个度量值之间的关联。④若要检查一个度量值是否满足另一个度量值定义的目标。⑤若要节省画布空间。

如图 8.22 所示，通过视觉对象选项创建组合图，选择相应的多列到相应的

图 8.22　创建折线和簇状柱形图

轴，这样就能创建图 8.23 的组合图对象，展示不同年份不同性别的志愿者数量的同时，还能展示其平均值。

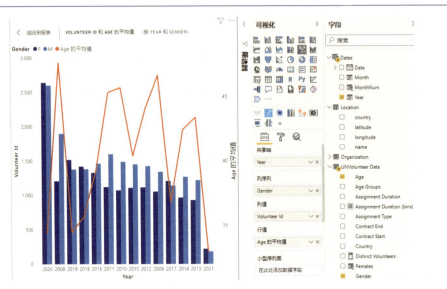

图 8.23　折线和簇状柱形组合图可视化

如图 8.24 所示也可以以折线和堆积柱形组合图可视化方式创建。

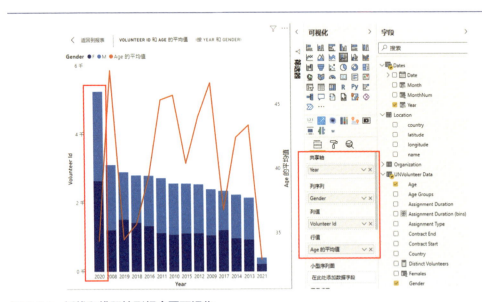

图 8.24　折线和堆积柱形组合图可视化

8.1.6 环形图与饼图

环形图类似于饼图，它们显示部分与整体的关系。唯一的区别是环形图中心为空，因而有空间可用于标签或图标。

如图 8.25 所示，通过视觉对象选项创建环形图，选择相应的多列到相应的轴，这样就能创建图 8.26 的环形图对象，显示部分与整体的关系。

图 8.25 创建环形图

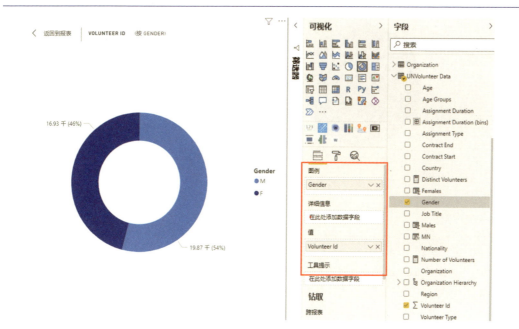

图 8.26 环形图可视化不同性别的志愿者比例

如图8.27所示，通过视觉对象选项创建饼图，选择相应的多列到相应的轴，这样就能创建图8.28的饼图对象，显示部分与整体的关系，实例可视化的是不同性别的志愿者数量比例。

图 8.27　创建饼图

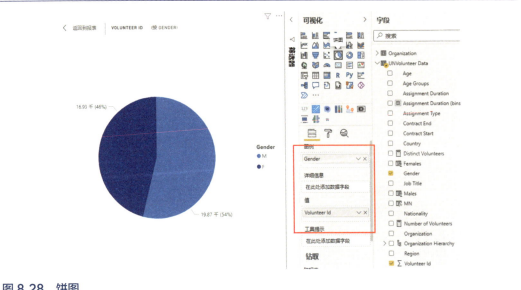

图 8.28　饼图

8.1.7　散点图

散点图始终具有两个数值轴，分别是水平轴上的一组数值和垂直轴上的另一组数值。散点图适合判断两变量之间是否存在某种关联，如果在数据新闻可视化中想呈现相关性可以考虑采用散点图。散点图在 x 和 y 数值的交叉处显示点，根据数据，这些数据点在水平轴方向可能均衡或不均衡地分布。

如图 8.29 所示，通过视觉对象选项创建散点图，选择相应的多列到相应的轴，这样就能创建图 8.30 的散点图对象，显示两个轴的变量之间的相关性关系。

图 8.29　创建散点图

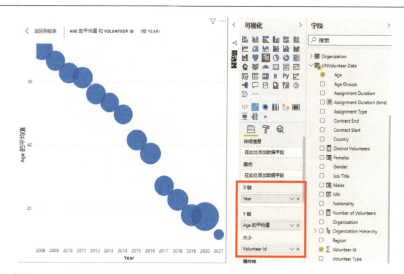

图 8.30　散点图

8.1.8　分区图

分区图是在折线图的基础上增加了坐标轴与折线之间的区域，在数据新闻中可以吸引人们关注某个趋势间的总值。

如图8.31所示，通过视觉对象选项创建分区图，选择相应的多列到相应的轴，这样就能创建图8.32的分区图对象，显示趋势间的总值，图中展示的是每年的志愿者数量。

图 8.31　创建分区图

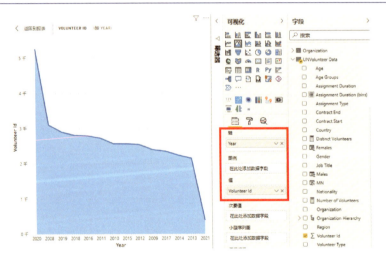

图 8.32　分区图

8.1.9　漏斗图

漏斗图用于可视化从一个阶段按顺序运转到下一个阶段的项目的流程。数据新闻中可以通过漏斗图呈现一个工作流的转化流程，并呈现哪个环节出现了问题（转化率变低）。

例如，销售漏斗图可跟踪各个阶段的客户：潜在客户→合格的潜在客户→预期客户→签订合同的客户→成交客户。这样就可以判断其中哪个环节转化率低，需要优化和调整。读者可以一眼看出漏斗形状传达了所跟踪的流程的健康状况。

漏斗图的每个阶段代表总数的百分比。在大多数情况下，漏斗图的形状类似于一个漏斗，每个后一阶段的值都小于其前一阶段的值。通常第一阶段为最大值。如图 8.33 所示的漏斗图。

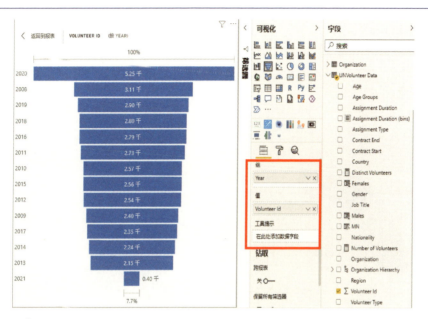

图 8.33　漏斗图

梨形漏斗图也很有用，它可以识别流程中的问题。

8.1.10　仪表盘

径向仪表盘为一个圆弧，并且显示单个值，该值用于衡量目标的进度。在数据新闻中仪表盘适用于以下情况：①显示实现目标的进度。②表示百分比度量值。③显示一个度量值的运行状况。

通过图 8.34 选择"仪表"视觉对象，然后拖拽到主面板，再将数据拖拽到仪表盘，就可以绘制图 8.35 所示的仪表盘可视化图像。

图 8.34 创建仪表盘

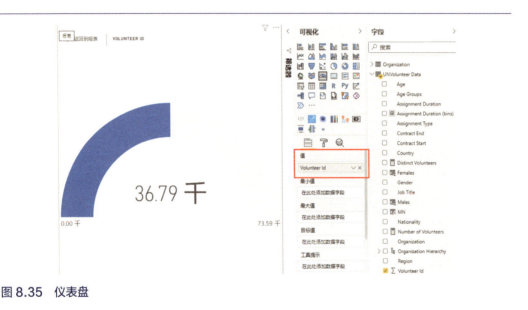

图 8.35 仪表盘

8.1.11 矩阵

矩阵视觉对象是一种支持渐变布局的表视觉对象类型。表只支持两个维度，但使用矩阵，可以更轻松地跨多个维度有目的地显示数据。矩阵适合展示多个维度的数据，以更加客观翔实的手法呈现数据新闻中需要二维呈现的数据。矩阵支持自动聚合数据，并能够实现向下钻取数据。

如图 8.36 所示，通过视觉对象选项创建矩阵，选择相应的多列到相应的轴，这样就能创建图 8.37 的矩阵视觉对象，展示不同年龄和性别下的志愿者总数。

图 8.36　创建矩阵

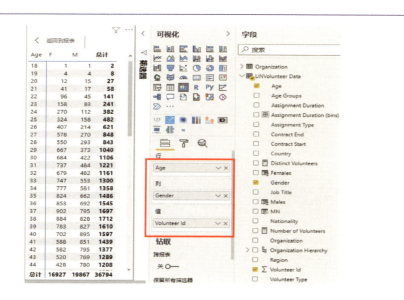

图 8.37　矩阵

8.1.12　切片器

切片器是可以用于"筛选器"上的其他视觉对象的独立图表。切片器有许多不同格式（类别、范围、日期等），可以进行格式设置，以便选择一个、多个或所有可用值。切片器适合制作通用可扩展的 Power BI 数据新闻视觉图像，但是不适合在数据新闻文字中直接呈现切片器。

如图 8.38 所示，通过视觉对象选项创建切片器，就能创建图 8.39 的切片器视觉对象，选择使用"Country"列创建切片器视觉对象，用户可以选择视觉对象中的选项进行筛选，以及联动其他视觉对象进行筛选。

图 8.38　创建切片器

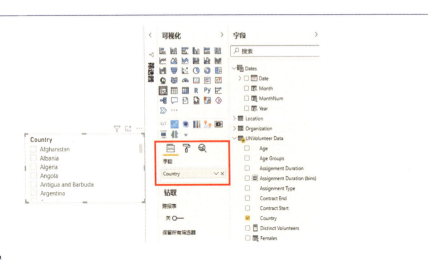

图 8.39　切片器

8.1.13　树状图

树状图是包含带颜色的矩形的图，用矩形大小表示值。具有层次结构，主矩形内可以嵌套矩形。矩形会从左上方（最大）到右下方（最小）按大小排列。

在数据新闻中适合在以下场景呈现树状图视觉对象：①若要显示大量的分层数据。②若要显示每个部分与整体之间的比例。③若要跨层次结构中的每个类别级别显示度量值的分布模式。④若要使用大小和颜色编码来显示属性。

如图 8.40 选择"树状图"图标创建树状图视觉对象。

图 8.40　创建树状图

如图 8.41 所示的树状图可以非常直观地看到类别之间的层次关系和比例。图中展示的是 Country 和 Gender 层次分类下的志愿者数量统计。

图 8.41　树状图

8.1.14 表

表是以逻辑序列的行和列表示的包含相关数据的网格。表包含表头和合计行。表格可以进行数量比较，可以在其中查看单个类别的多个值。数据新闻在以下情况下选择表是合适的呈现形式：①若要查看并比较详细数据和精确值。②若要以表格形式显示数据。

通过图8.42中图标创建"表"视觉对象，如图8.43所示，表能相近呈现数

图 8.42　创建表

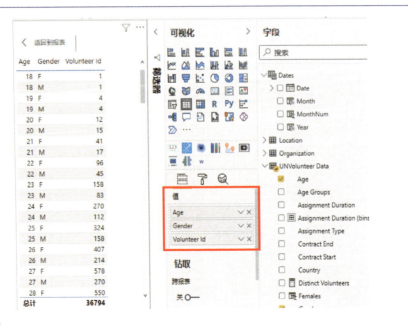

图 8.43　表

据，方便用户比较详细数据和精确值。

8.1.15 独立图像

独立图像适合展示 logo（标识）或其他配饰，如图 8.44 所示。独立图像是已添加到报表或仪表板的图形。适合数据新闻中需要给图片配机构 logo 或水印的场景需求。

图 8.44 创建独立图像

8.1.16 彩色地图

使用基本彩色地图可将分类和定量信息与空间位置相关联。数据新闻中需要呈现与某地相关联的可视化图像，地图是不错的选择，例如呈现新冠肺炎阳性病例分布图就非常适合使用彩色地图进行呈现。

通过图 8.45 中选择"地图"作为视觉对象，并创建彩色地图可视化图像，如图 8.46 所示。可视化展示的是通过地图呈现不同国家的志愿者数量。

图 8.45 创建地图

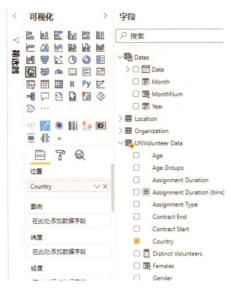

图 8.46 地图筛选器与字段

8.1.17 构建一个数据新闻模板

本小节内容综合使用了前面小节中介绍的各种图表。例如通过卡片展示整体宏观数值,通过地图展示地域热点,通过柱状图展示数据分布等。

具体如下:

(1)基本数据和信息

如图8.47所示,首页以卡片呈现很多总览信息,例如性别、平均年龄、青年数量、国家数量等。

(2)人口细分——主要人口群体的趋势和关键信息

在人口细分图中(图8.48),使用折线图呈现每年的志愿者数量与趋势,可以观察到2013年后志愿者数量大趋势上在不断增长;通过柱状图呈现不同年龄和性别的志愿者分布;通过卡片呈现女性、男性、本地和国际化的志愿者的整体数量等。

图 8.47 联合国志愿者数据新闻 – 总览

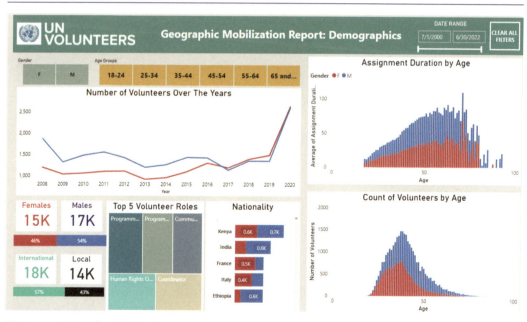

图 8.48 联合国志愿者数据新闻 – 人口细分

（3）组织分解——研究联合国组织架构以跟踪其业务领域

如图8.49所示，首页以卡片呈现很多总览信息，例如性别、平均年龄、青年数量、国家数量等；通过树状图呈现志愿者的角色分布；通过柱状图呈现志愿者的国家分布等，并有组织切片器用于筛选具体的组织。

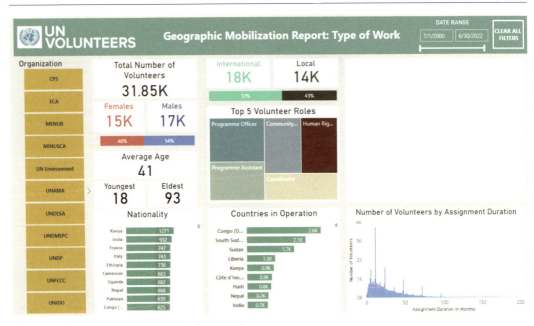

图 8.49　联合国志愿者数据新闻 – 组织分解

Power BI实例官方链接见本章末二维码中链接8.6。

8.2　基于 Excel 的可视化

Microsoft Office 是一套由微软开发的办公软件套装，它可以在多种操作系统和平台上运行，例如Microsoft Windows、Windows Phone、Mac系列、iOS和Android或浏览器等。Excel是其中适合处理和可视化结构化数据的软件，也可以用于数据新闻从业者制作基本的可视化图表，相比Power BI，Excel使用更加轻量简单，但是数据分析与处理能力、交互式可视化和部署形式多样性不如Power BI，读者可以根据自身可视化的需求进行选择。

Excel提供丰富而便捷的制作图表和可视化的功能，生成的图表质量也很高，而且使用者基数大，上手容易。目前的Excel搭载在Office 365在线服务中，可以通过订阅的方式进行购买和使用，其不仅提供基本分析功能，更强大的是可以协作开发，提升生产力。同时Excel融入大量的人工智能功能和自动化的模板，提升整体的可视化美观度和开发效率。

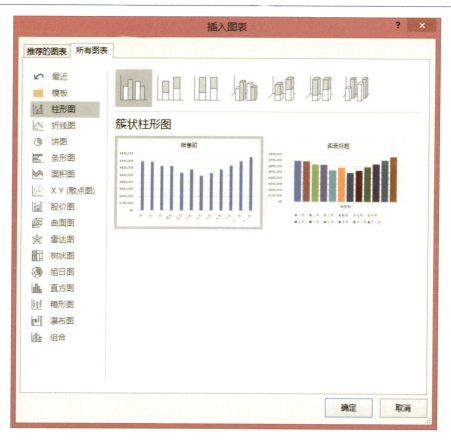

图 8.50　Excel 创建可视化图表实例

如图8.50所示，根据官方实例参考使用推荐的图表样式创建图表，也可以参考Excel帮助和学习参考链接（见本章末二维码中链接8.7）。

8.3 基于 Web 技术的可视化

8.3.1 HTML, CSS 和 JavaScript

在介绍ECharts之前，先回顾一下ECharts依赖的基础编程语言与技术。ECharts适合放置于网页中进行实时数据的展示，例如，英国卫报中的数据新闻大量展示实时数据，这类的图表是动态的，是依赖类似JavaScript等语言进行构建，而ECharts的图表也是这些技术构建起来的，是嵌入在互联网网页中的可视化图表库。

Web开发人员必须学习的3种语言及其作用：

（1）HTML定义网页内容

HTML（超文本标记语言）是用于构建网页及其内容的一门语言。例如，可以在一组段落中、一个项目符号列表中或使用图像和数据表来构建内容。HTML5是一种标记语言，用于在万维网上构建和呈现内容，这是万维网联盟（W3C）推荐的第五个也是最近一个主要HTML版本。当前的规范称为HTML生活标准，它由主要浏览器供应商（Apple、Google、Mozilla和Microsoft）组成的联盟——Web超文本应用技术工作组（WHATWG）维护。

如图8.51所示，通过h1、h2标签定义不同的文本尺寸，并将内容保存在index.html后，由网页服务器加载或者浏览器本地打开这个文件，就会呈现图中不同尺寸的标题。

如图8.52所示，一个完整的HTML文档以<html></html>进行标记，有<head></head>和<body></body>两个大的区域，图8.52下侧的文档内容以.html后缀保存，文件被浏览器打开后，body中的内容会被浏览器渲染为图8.52上侧的效果。

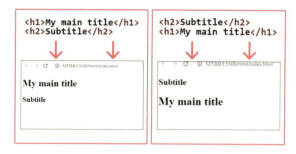

图 8.51　HTML 在浏览器中渲染效果

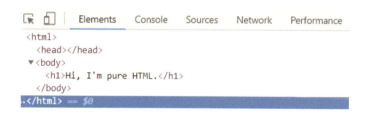

图 8.52　一个完整的 HTML 文档

（2）CSS 指定网页的布局

　　CSS 是用来设置 HTML 文档样式的语言。CSS 描述了应该如何显示 HTML 元素。例如，通过下面的实例（图 8.53）可以看到，通过配置 CSS 语法，控制不同元素的字体、颜色等，进行网页中各种元素、文字的呈现与可视化的控制和编排。实例来源见本章末二维码中链接 8.8。图 8.53 中显示 h1 配置为 DarkCyan 颜色，也就是 "This is the main heading" 文字的颜色，同理，实例中还配置了其他元素的字体和颜色。

```
h1 {
    color: DarkCyan;   /* Color name */
}
h2 {
    color: #ee3e80;    /* HEX */
}
p {
    background-color: rgba(255,255,0,0.8);   /* RGBA */
    color: rgb(100,100,90);                  /* RGB */
}
```

This is the main heading

This is a secondary heading

This is a paragraph.

图 8.53　CSS 控制标题字体

上面的实例正是遵循 CSS 的核心语法制作而成，如图 8.54 所示（来源于本章末二维码中链接 8.9），选择器选择需要进行控制的核心元素，例如本实例中为 h1 标题，之后在 {} 中通过 ; 分割，控制不同的属性，例如颜色、字体等。

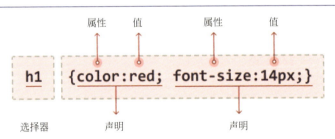

图 8.54　CSS 核心语法

（3）JavaScript 对网页行为进行编程

JavaScript 通常缩写为 JS，是一种编程语言，与 HTML 和 CSS 并列，是万维网的核心技术之一。所有主要的网络浏览器都有一个专用的 JavaScript 引擎来执行用户设备上的代码。JavaScript 是一种高级的、通常是即时编译的语言，它符合ECMAScript标准，具有动态类型、基于原型的面向对象和一流的功能。它是多范式的，支持事件驱动、函数式和命令式编程风格。它具有用于处理文本、日期、正则表达式、标准数据结构和文档对象模型（DOM）的应用程序编程接口（API）。

如图8.55实例所示，JavaScript代码嵌入到HTML的<head></head>中，定义了函数HelloWorld，在用户打开网页时通过alert弹出"Hello World"。在<script></script>中定义JavaScript函数，在onload中触发之前定义的HelloWorld函数，使得alert弹窗呈现Hello World。这种在加载网页过程中，通过不同事件呈现的不同动作可以让用户自定义很多行为和逻辑函数。

```
1
2   <html>
3   <head>
4   <script>
5    function HelloWorld() {
6           alert("Hello World");
7       }
8   </script>
9   </head>
10  <body onload="HelloWorld()">
11  
12  </body>
13  </html>
```

图 8.55　JavaScript 控制网页中的动作

例如可以在HTML监听以下事件并进行操作（来源于w3cschool.cc文档）：

① 鼠标事件

- onclick：当用户点击某个对象时调用的事件句柄。
- ondblclick：当用户双击某个对象时调用的事件句柄。
- onmousedown：鼠标按钮被按下。
- onmousemove：鼠标被移动。
- onmouseover：鼠标移到某元素之上。
- onmouseout：鼠标从某元素移开。
- onmouseup：鼠标按键被松开。

② 键盘事件

- onkeydown：某个键盘按键被按下。

- onkeypress：某个键盘按键被按下并松开。
- onkeyup：某个键盘按键被松开。

③ 框架/对象事件

- onabort：图像的加载被中断。
- onerror：在加载文档或图像时发生错误。
- onload：一张页面或一幅图像完成加载。
- onresize：窗口或框架被重新调整大小。
- onscroll：当文档被滚动时发生的事件。
- onunload：用户退出页面。

④ 表单事件

- onblur：元素失去焦点。
- onchange：域的内容被改变。
- onfocus：元素获得焦点。
- onreset：重置按钮被点击。
- onselect：文本被选中。
- onsubmit：确认按钮被点击。

上面只呈现了一些典型的网页事件。读者感兴趣可以查阅w3cschool.cc相关文档（见本章末二维码中链接8.10）。

8.3.2 ECharts

ECharts是一款基于JavaScript的数据可视化图表库，提供直观、生动、可交互、可个性化定制的数据可视化图表，适合数据新闻从业者做7×24小时部署的在线可视化网页时使用。ECharts最初由百度团队开源，并于2018年初捐赠给Apache基金会，成为ASF孵化级项目。2021年1月，Apache基金会官方宣布ECharts项目正式"毕业"。ECharts可以将可视化图表嵌入Web服务，提供交互式的分析。由于数据新闻大多数为静态页面，所以读者使用ECharts的门槛和要求较高，适合团队中有前端程序员的数据新闻团队采用和进行二次开发。

通过下面的实例介绍ECharts如何使用和如何构建图表。

```
Import * ase charts from'echarts';// 引入依赖
var chartDom = document.getElementById（'main'）;// 获取main元素
var myChart = echarts.init（chartDom）;// 初始化表格
var option;// 配置选项，这些选项要根据用户自己的数据状况，修改其中的选型，进而构建自定义的图表。
option={
xAxis: {// 配置x轴
…
},
yAxis: {// 配置y轴
type: 'value'
},
series: [// 构建折线
{
…
}
]
};

Option && myChart.setOption（option）;// 将图表配置为刚才已经设定好的选项
```

配置完成后就可以得到如图8.56所示的可视化折线图。

类似以上的制作方法，ECharts还提供了大量的实例模板供用户进行二次开发。如图8.57所示，Echarts提供大量的官方实例作为模板，给用户进行二次开发和定制。官方链接见本章末二维码中链接8.11。

用户可以使用ECharts提供的JavaScript语言模板绘制相应的可视化图表，如用ECharts绘制北京公交线路图，ECharts调用百度地图服务，提供交互式的可视化体验。参考链接见本章末二维码中链接8.12。

图 8.56　ECharts 构建折线图（x 轴代表时间，y 轴代表要呈现的数值）

图 8.57　ECharts 官方自带实例

由图 8.58 实例（官方链接见本章末二维码中链接 8.13）可以看到：①用户可以非常方便地选择官方自带实例进行二次修改和开发。②其提供 Javascript 和 TypeScript 两个语言版本的支持。③ECharts 提供了在线编辑器，在不需要安装环境的情况下，可以随意修改自带实例，进行动态修改与变化。

图 8.58　ECharts 绘制动态折线图（x 轴是年份，y 轴是收入）

同时，Echarts 社区还提供了很多官方可用的图表转换工具，例如表格数据转换为 JavaScript 的工具，见图 8.59。

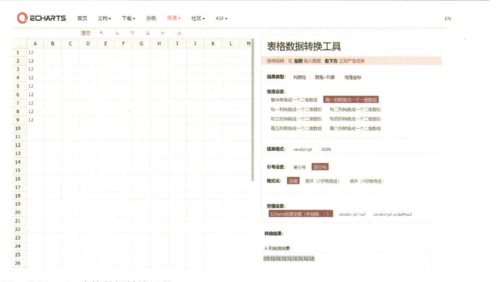

图 8.59　ECharts 表格数据转换工具

ECharts还提供主题构建在线工具，让用户可以自由设置需要的风格和主题，如图8.60所示。

图 8.60　ECharts 主题设置工具

如果读者希望使用更多的ECharts社区周边工具，可以通过本章末二维码中链接8.14（Github）进行查找。

扫码获取本章内容
中相关链接

第 9 章

人工智能与大数据

人工智能已深入各行各业，其中，人工智能的自然语言处理技术与文本关联度较大。针对文本进行深入地分析、聚类、预处理与预测，是人工智能能够辅助数据新闻做到的事情。因此，在数据新闻中，最相关的人工智能技术是自然语言处理。

随着各行各业数据量暴增，在数据新闻中，也可能遇到较大的输入数据，这个时候就需要考虑使用如Spark等大数据处理工具协助进行数据新闻的数据预处理与加工。

同时随着互联网数据规模越来越大，有些场景下的数据新闻也会遇到大数据的挑战。如果在大规模数据下，没有相关分析工具就无法在指定时间内完成数据分析，也就无法制作数据新闻。

如何进行人工智能和大数据分析？有什么工具能够辅助对文本进行处理？本章将围绕以上问题展开，将通过自然语言处理和大数据文本分析等内容介绍常见的一些典型场景和工具。

9.1　自然语言处理

自然语言处理(natural language processing, NLP)是人工智能领域中的重要方向，也是和数据新闻最为相关的人工智能方向。因为新闻本身被计算机领域视作文本。自然语言处理就是在机器语言和人类语言之间沟通的桥梁，以实现人机交流的目的。自然语言处理是一门计算机科学、语言学、数学交叉的学科和技术，其中的很多代表性技术可以应用于数据新闻中，例如文本预处理、分词、文本分类、文本聚类、摘要生成等。

如图9.1所示为常用机器学习算法图，当前常用的算法有很多，例如决策树、深度学习、支持向量机等模型。将在下面介绍操作较为简单、方便使用的算法，读者如果有更高精度的要求，可以选择其他算法 。

图 9.1 常用机器学习算法

9.1.1　分词

中文分词是中文自然语言处理的一个基础步骤，在进行很多自然语言处理任务（例如词云、文本向量化、文本分类、文本回归）前，通常需要先进行分词。本小节以广泛使用的结巴（jieba）分词器为例介绍如何进行分词。jieba分词工具官网见本章末二维码中链接9.1。

分词一般是自然语言处理的第一个步骤。分词任务输入是一段文字，输出是将文字切分成相应的单词。jieba分词是一款非常流行的中文开源分词包，具有高性能、高准确率、可扩展等特点，目前主要支持Python，其他语言也有相关版本。例如，分词工具输入"我来到北京清华大学"，分词后会输出"我/来到/北京/清华大学"，如果对输出结果统计词频，就可以制作之前介绍的词云进行可视化展示。

jieba分词算法使用了前缀词典等技术，对词图扫描，生成句子中汉字的所有可能，同时生成词情，并构建有向无环图，再采用动态规划查找最大概率路径，找出基于词频的最大切分组合。同时，在新的版本中，也引入了基于深度学习的方式。

jieba常用的几种模式如下，读者可以根据对分词效果的需求进行选择。

① 精确模式。试图将句子最精确地切开，适合文本分析。

② 全模式。把句子中所有可以成词的词语都扫描出来，速度非常快，但是不能解决歧义。

③ 搜索引擎模式。在精确模式的基础上，对长词再次切分，提高召回率，适合用于搜索引擎分词。

分词常用API如下：

① jieba.cut 是一般情况下使用的分词方法，优先推荐使用此方法。此方法有四个输入参数：

a. 需要分词的字符串；

b. cut_all参数，用来控制是否采用全模式；

c. HMM参数，用来控制是否使用 HMM 模型；

d. use_paddle参数，用来控制是否使用paddle模式下的分词模式。paddle模式采用延迟加载方式，通过enable_paddle接口安装paddlepaddle-tiny，并且输入（import）相关代码。

② jieba.cut_for_search方法有两个参数(该方法适合用于搜索引擎构建倒排索引的分词)：

a. 需要分词的字符串；

b. 是否使用HMM模型。

jieba.cut以及jieba.cut_for_search返回的结构都是一个可迭代的generator，可以使用for循环获得分词后得到的每一个词语，或者可以用jieba.lcut以及jieba.lcut_for_search直接返回一批列表数据。对于专有领域的问题，jieba.Tokenizer(dictionary=DEFAULT_DICT)新建自定义分词器，可同时使用不同词典，此功能适合读者面对的文字是某领域专用文字，有很多概念和专有名词，很难通过通用词典的分词器准确分词。jieba.dt为默认分词器，所有全局分词相关函数都是该分词器的映射。

如程序9.1所示，程序中通过jieba分词的多种API完成不同效果的分词，分词结果如程序9.2所示。在数据新闻的各种文本分析任务中，使用精确模式的API进行分词更加适合。

```
# encoding=utf-8
import jieba

sentence = " 我在学习数据新闻，通过分词技术对文本进行分词 "
seg_list = jieba.cut(sentence, cut_all=True)
print("全模式:" + "/ ".join(seg_list))
seg_list = jieba.cut(sentence, cut_all=False)
print("精确模式，默认是精确模式:" + "/ ".join(seg_list))
seg_list = jieba.cut_for_search(sentence)
print("搜索引擎模式：" + "/ ".join(seg_list))
```

程序9.1　jieba分词实例

```
Building prefix dict from the default dictionary ...
Loading model from cache /tmp/jieba.cache
Loading model cost 0.673 seconds.
Prefix dict has been built successfully.
```
全模式：我 / 在 / 学习 / 数据 / 新闻 / , / 通过 / 过分 / 分词 / 技术 / 对 / 文本 / 进行 / 分词

精确模式，默认是精确模式：我 / 在 / 学习 / 数据 / 新闻 / , / 通过 / 分词 / 技术 / 对 / 文本 / 进行 / 分词

搜索引擎模式：我 / 在 / 学习 / 数据 / 新闻 / , / 通过 / 分词 / 技术 / 对 / 文本 / 进行 / 分词

程序 9.2　jieba 分词实例打印结果

9.1.2　文本向量化

文本向量化（也被称作"文本表示"）是自然语言处理中的基础工作与步骤，文本向量化就是将文本表示成一系列能够表达文本语义的向量，是文本表示的一种重要方式。文本表示的好坏直接影响到整个自然语言处理系统的性能，只有向量化后的文本才能进行分类（classification）、回归（regression）、聚类（clustering）等机器学习。常用的文本向量化方式有：基于词频、基于主题模型、基于深度学习模型等。

gensim 和 scikit-learn 等库都提供了较好的文本向量化的接口，供用户进行文本向量化。gensim 是一款开源的第三方 Python 工具包，用于从原始的非结构化的文本中，无监督地学习到文本隐层的主题向量表达。它支持包括 TF-IDF、LSA、LDA 和 Word2Vec 在内的多种主题模型算法，支持流式训练，并提供了诸如相似度计算、信息检索等一些常用任务的 API 接口。

scikit-learn 是被社区广泛使用的机器学习库。scikit-learn 最初由 David Cournapeau 于 2007 年在 Google 的夏季代码项目中开发。后来 Matthieu Brucher 加入该项目，并开始将其用作论文工作的一部分。2010 年，法国计算机科学与自动化研究所 INRIA 参与其中，并于 2010 年 1 月下旬发布了第一个公开版本（v0.1 beta）。

如图9.2所示，文本经过向量化之后可以进行文本分类、文本回归、文本聚类、文本向量检索等自然语言处理的下游任务。和数据新闻较为相关的是文本分类和文本聚类。

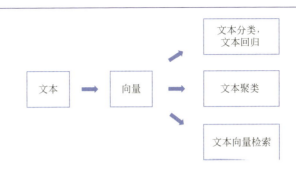

图 9.2　文本向量化后可以进行的下游任务

如图9.3所示，当前常用的文本向量化技术有很多，例如bag of words（BOW）、TF-IDF、LDA、深度学习的BERT和GPT3等模型，将在下面介绍操作较为简单方便的方式，读者如果有更高精度的要求可以选择其他算法。

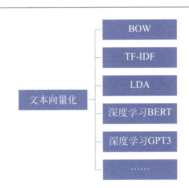

图 9.3　常用文本向量化技术

（1）词袋模型（bag of words，简称BOW）

词袋模型被用在文本分类中，将文档表示成特征矢量。词袋模型是用于自然语言处理和信息检索的简化文本表示（representation）。在这个模型中，一个文本（例如一个句子或一个文档）被表示为它的词的包，不考虑语法和词序。它的基本思想是假定对于一个文本，忽略其词序和语法、句法，仅仅将其看作是一些词的集合，而文本中的每个词都是独立的，简单说就是每篇文档都看成一个袋子（因为袋子中只有词，所以被简称作词袋，Bag of Words的名字因此而来）。如果文档中足球、篮球、羽毛球这样的词多些，而财经、股市、证券这样的词少些，就倾向于判断它是一篇描绘体育的文档，而不是描述财经的。

举个例子，如图9.4所示。有一篇文档："It is a puppy and it extremely cute"。对其统计完词的数量后，形成图9.4右侧的词频统计，其中的数代表的是单词在文本中出现的次数。

原始文本	词袋模型向量	
	it	2
	puppy	1
It is a puppy and it is extremely cute	and	1
	cat	0
	cute	1
	…	……

图 9.4　词袋模型
（图片来源见本章末二维码中链接9.2）

向量中每个元素表示词典中相关元素在文档中出现的次数。在构造文档向量的过程中可以观察到，并没有表达单词在原来句子中出现的顺序，这是词袋模型的缺点之一，但是由于词袋模型简单、轻量，还是有非常广泛的使用。

如程序9.3所示，程序中通过计算词频，构建特征BOW，并打印特征单词名称和特征值，见程序9.4。

```python
from sklearn.feature_extraction.text import CountVectorizer
import jieba

corpus = ['我准备学习数据新闻',
```

'还需要学习自然语言处理 ',

　　'通过词袋模型向量化文本 ',

　　'然后再进行文本聚类 ']

print(" 原始文本 \n {}".format(corpus))

```python
# 分词
words = []
for sentence in corpus:
    seg_list = jieba.cut(sentence, cut_all=False)
    words.append(" ".join(seg_list))

print(words)
vectorizer = CountVectorizer()
# 可以 fit、transform 文本数据进行标记并转换为稀疏计数矩阵
X = vectorizer.fit_transform(words)

print(" 获得模型单词的特征集合 \n {}".format(vectorizer.get_feature_names()))
print(" 对应单词位置每个特征值 \n {}".format(X.toarray()))
```

程序 9.3　词袋构建文本特征

原始文本

　[' 我准备学习数据新闻 ', ' 还需要学习自然语言处理 ', ' 通过词袋模型向量化文本 ', ' 然后再进行文本聚类 ']

Building prefix dict from the default dictionary ...

Loading model from cache /tmp/jieba.cache

Loading model cost 0.666 seconds.

```
Prefix dict has been built successfully.
['我 准备 学习 数据 新闻', '还 需要 学习 自然语言 处理', '通过 词袋 模
型 向 量化 文本', '然后 再 进行 文本 聚类']
```

获得模型单词的特征集合

```
['准备', '处理', '学习', '数据', '文本', '新闻', '模型', '然后',
'聚类', '自然语言', '词袋', '进行', '通过', '量化', '需要']
```

对应单词位置每个特征值

```
[[1 0 1 1 0 1 0 0 0 0 0 0 0 0 0]
 [0 1 1 0 0 0 0 0 0 1 0 0 0 0 1]
 [0 0 0 0 1 0 1 0 0 0 1 0 1 1 0]
 [0 0 0 0 1 0 0 1 1 0 0 1 0 0 0]]
```

程序9.4　词袋构建文本特征的打印结果

（2）词频-逆文档频率（TF-IDF）

词频-逆文档频率（TF-IDF）的主要思想是：如果某个词或短语在一篇文章中出现的次数多，但是在其他文章中出现的次数少，则认为此词或者短语具有很好的类别区分度，适合作为特征用来分类。其相当于对单纯词袋模型的改进。

在一个文本中，词频（term frequency，简写为TF）指的是某一个给定的词语在该文件中出现的频率。可以通过下面的公式计算出来：

$$tf_{i,j} = \frac{n_{i,j}}{\sum_k n_{k,j}}$$

式中，$n_{i,j}$表示单词i在文档j中出现的次数；$\sum_k n_{k,j}$表示文档j的所有单词总数。

逆文档频率（inverse document frequency，IDF）反应的是一个单词能提供的信息量。某一特定词语的IDF，可以由总文件数目$|D|$除以包含该词语的文件数目$|\{j:t_i \in d_j\}|$，再将得到的商取对数得到：

$$idf_i = \log \frac{|D|}{|\{j:t_i \in d_j\}|}$$

式中，分子为语料库文档总数；分母为用于单词i的文档的个数。最终，由tf和idf相乘计算词频-逆文档频率：

$$tfidf_{i,j} = tf_{i,j} \times idf_j$$

下面的实例中将综合使用词袋模型和 TF-IDF 构建文本特征，见程序 9.5 和程序 9.6。更直观地说，TF-IDF 特征将每个词在当前文档中的重要程度计算出来，相当于做了一次归一化。

```python
import jieba
from sklearn.feature_extraction.text import TfidfVectorizer

corpus = ['我准备学习数据新闻',
    '还需要学习自然语言处理',
    '通过词袋模型向量化文本',
    '然后再进行文本聚类']
print("原始文本 \n {}".format(corpus))
# 分词
words = []
for sentence in corpus:
    seg_list = jieba.cut(sentence, cut_all=False)
    words.append(" ".join(seg_list))


vectorizer = TfidfVectorizer()
# 可以 fit、transform 文本数据进行标记并转换为稀疏计数矩阵
X = vectorizer.fit_transform(words)


print("获得模型单词的特征集合 \n {}".format(vectorizer.get_feature_names()))
print("对应单词位置每个特征值 \n {}".format(X.toarray()))
```

程序 9.5　TF-IDF 构建文本特征

原始文本

['我准备学习数据新闻', '还需要学习自然语言处理', '通过词袋模型向量化文本', '然后再进行文本聚类']

Building prefix dict from the default dictionary ...

Loading model from cache /tmp/jieba.cache

Loading model cost 0.674 seconds.

Prefix dict has been built successfully.

获得模型单词的特征集合

['准备', '处理', '学习', '数据', '文本', '新闻', '模型', '然后', '聚类', '自然语言', '词袋', '进行', '通过', '量化', '需要']

对应单词位置每个特征值

```
[[0.52547275 0.         0.41428875 0.52547275 0.         0.52547275
  0.         0.         0.         0.         0.         0.
  0.         0.         0.        ]
 [0.         0.52547275 0.41428875 0.         0.         0.
  0.         0.         0.         0.52547275 0.         0.
  0.         0.         0.52547275]
 [0.         0.         0.         0.         0.36673901 0.
  0.46516193 0.         0.         0.         0.46516193 0.
  0.46516193 0.46516193 0.        ]
 [0.         0.         0.         0.         0.41428875 0.
  0.         0.52547275 0.52547275 0.         0.         0.52547275
  0.         0.         0.        ]]
```

程序 9.6　TF-IDF 构建文本特征的打印结果

　　除了 TF-IDF，还有隐含狄利克雷分布 (latent Dirichlet allocation，简称 LDA)、深度学习、预训练模型 (BERT、GPT-3 等) 等方式也可以构建文本向量，起到的作用是可以大幅度提升向量质量或让向量拥有语义信息，感兴趣的读者可以参考相应资料深入理解和运用。

9.1.3 文本分类与情感分析

文本分类是指识别文本样本类别，例如，将给定电子邮件分配给"垃圾邮件"或"非垃圾邮件"类别。文本分类，更具体地说，就是把文本按照一定的规则分门别类，"规则"可以由人来定，也可以用算法从已有标签数据中自动归纳，例如机器学习方法。

如图9.5所示，通过几何意义解释文本分类的意义。横轴和纵轴分别代表两个特征，其中的点代表样本（如果是文本分类就是一个文本），当前每个样本的颜色代表数据中已经标注好的文本类别，文本分类算法就是自动学习文本中的特征和类别的映射关系，一旦学习完成，输入平面上任意的特征取值，就能通过文本分类算法学习出的模型映射为指定的两个类别之一，本实例中通过KNN算法做模型训练和预测。其中绿色区域代表模型将区域内的点都预测为类别1，红色区域代表模型将区域内的点都预测为类别0。当然模型也不能保证完全预测准确，所以会看到区域内颜色不一致的点，代表的是预测错误的点。

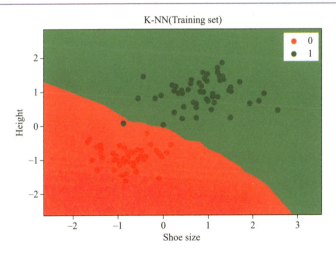

图9.5 文本分类几何意义（横轴是鞋号，纵轴是高度）
（图片来源见本章末二维码中链接9.3）

在自然语言处理领域大量的任务可以用文本分类的方式来完成，例如垃圾文本识别、涉黄涉暴文本识别、意图识别、文本匹配、命名实体识别等。在数据新闻中，情感分析、文本分类、评论分类等是常常遇到的任务和场景，这些任务都是输入文本、输出分类标签。

情感分析也可以映射为分类问题，只需要数据的标签为分类标签，一般为正面意图、负面意图和中性意图。情感分析是对带有感情色彩的主观性文本进行分析、处理、归纳和推理的过程。按照处理文本的类别不同，常见的任务为基于新闻评论的情感分析和基于产品评论的情感分析，前者多用于舆情监控和信息预测，后者可帮助用户了解某一产品在大众心目中的口碑，在数据新闻中常常可以将分类结果整理形成报表放置于数据新闻中。目前常见的情感分析方法有：基于情感词典的方法和基于机器学习的方法。

在接下来的程序中，使用公开的文本数据集，并通过scikit-learn库进行统计词频、文本向量化（通过TF-IDF的方式），并构建决策树分类器进行文本分类和情感分析。见程序9.7和程序9.8。

```python
import jieba
from sklearn.feature_extraction.text import TfidfVectorizer
from sklearn import tree


corpus = ['我喜欢数据新闻', '还不想学习Python', '通过词袋模型向量化文本', '然后再进行文本聚类']
# y 代表标签，0 代表正向情感，1 代表负向情感，2 代表中性情感
y = [0, 1, 2, 2]
print("原始文本 \n {}".format(corpus))
# 分词
words = []
for sentence in corpus:
    seg_list = jieba.cut(sentence, cut_all=False)
    words.append(" ".join(seg_list))
# 向量化文本
vectorizer = TfidfVectorizer()
```

```python
X = vectorizer.fit_transform(words)
# 构建模型
clf = tree.DecisionTreeClassifier(max_depth = 3)
# 训练模型
clf.fit(X, y)
# 预测数据
y_pred = clf.predict(X)
# 打印结果
print("y \n {} \n y_pred \n {}".format(y, y_pred))
```

程序 9.7　文本分类和情感分析

原始文本
```
['我喜欢数据新闻', '还不想学习Python', '通过词袋模型向量化文本', '然后再进行文本聚类']
Building prefix dict from the default dictionary ...
Loading model from cache /tmp/jieba.cache
Loading model cost 0.652 seconds.
Prefix dict has been built successfully.
y
[0, 1, 2, 2]
y_pred
[0 1 2 2]
```

程序 9.8　文本分类和情感分析结果

9.1.4　文本聚类技术

聚类（clustering）分析或聚类是完成对一组对象进行分组的任务，即同一组中的对象彼此之间比其他组中的对象更相似。文本聚类（text clustering）就是针对文本数据进行聚类的任务。文本聚类是基于这样的假设：同类的文档相似度较大，而不同类的文档相似度较小。作为一种无监督的机器学习方法，聚类算法执行过程不需要训练过程，也不需要预先对文档人工标注类别（labeling），因此应用代价较小，自动化处理能力较强，常常作为文本数据分析前的一个预处理数据环节，对数据进行分组。其已经成为对文本信息进行高效组织、摘要和检索的常用方法。

聚类算法的输入为样本向量集合和要聚类的个数（也叫簇），输出为各个样本被聚类算法标记聚类类别编号。如图 9.6 所示，可以通过此图理解聚类的几何意义。由于可视化只能可视化 3 维以下的数据，通过 2 维可视化当前所有文本样本，横轴和纵轴分别代表两个特征（假设只有两个特征或者通过 PCA 等算法降维为两个特征），左侧图中每个点代表一个文本，通过聚类算法转为右侧图后，可以观察到，其中的颜色和圈出的区域代表相似度非常接近的一组文本。聚类完成后，就可以人工看簇内的簇类别到底是哪类文本了。这个聚类的过程一般是通过聚类算法达到的，例如算法 K-Means 就是经典聚类算法。可以通过 Python 机器学习库 scikit-learn 调用聚类算法，进行文本聚类。同时要注意，聚类算法的输入是文本向量，所以需要通过之前的文本向量化技术将文本表达为向量后再输入给聚类算法使用。

数据新闻中，文本聚类可以辅助构建更加自动化无标签的语料分组，进而对聚类后的结果完成大规模语料的统计，从而得出洞察。例如，做一段时间的文本

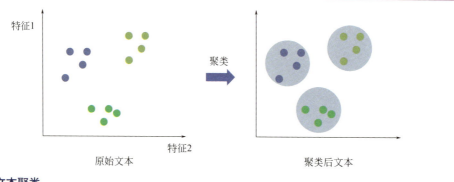

图 9.6　文本聚类
（图片来源见本章末二维码中链接 9.4）

聚类，再分析各个簇中的主题，得出新的数据新闻洞察。

可以使用scikit-learn算法库中自带的聚类算法K-Means直接使用。如程序9.9和程序9.10所示，对文本进行聚类，并设置聚类的簇为3。

```python
import jieba
from sklearn.feature_extraction.text import TfidfVectorizer
from sklearn.cluster import KMeans

corpus = ['我准备学习数据新闻',
    '还需要学习自然语言处理',
    '通过词袋模型向量化文本',
    '然后再进行文本聚类']
# 分词
words = []
for sentence in corpus:
    seg_list = jieba.cut(sentence, cut_all=False)
    words.append(" ".join(seg_list))
# 向量化文本
vectorizer = TfidfVectorizer()
X = vectorizer.fit_transform(words)
# n_clusters: 指定K的值，簇数量
# max_iter: 对于单次初始值计算的最大迭代次数
num_clusters = 3
km_cluster = KMeans(n_clusters=num_clusters, max_iter=300)
# 返回各自文本的被分配到的类索引
result = km_cluster.fit_predict(X)
print("预测结果：{}".format(result))
```

程序9.9　文本聚类

```
Building prefix dict from the default dictionary ...
Loading model from cache /tmp/jieba.cache
Loading model cost 0.668 seconds.
Prefix dict has been built successfully.
预测结果：[1 1 2 0]
```

程序 9.10　文本聚类结果

9.1.5　更多样的自然语言处理任务

　　单纯的中文分词任务并不能代表自然语言处理的全部，词性标注、命名实体识别、依存句法分析、语义文本相似度、指代消解等任务在自然语言处理中也可以用于文本数据预处理或者辅助预测任务提取质量更高的特征。读者可以选用支持此类任务功能的工具实现相应的效果。

　　HanLP 是一款集成了多个自然语言处理常用功能支持的综合自然语言处理工具。HanLP 从中文分词开始，覆盖词性标注、命名实体识别、句法分析、文本分类等常用任务，提供了丰富的 API。不同于一些简单的分词类库，HanLP 优化了内部数据结构和 IO 接口，做到了毫秒级的冷启动、千万字符每秒的处理速度，而内存最低仅需 120MB，极大提升了工具的可用性，无论是移动设备还是大型集群环境，都能获得良好的体验。HanLP 同时还能提供训练模块，可以在用户的语料上训练模型并替换默认模型，以适应不同的领域。例如，金融场景的专业名词较多，只要根据自己的语料再进行模型重新训练或者微调，就可以针对这个特定领域改善当前的 HanLP 工具的效果，项目主页上提供了详细的文档，以及在一些开源语料上训练的模型。HanLP 希望兼顾学术界的精准与工业界的效率，在两者之间取一个平衡，让自然语言处理可以工具化，以及更为简单地被用户使用起来。如表 9.1 所示，HanLP 支持非常丰富的功能，读者可以参考其主页下载、安装和使用。官方链接见本章末二维码中链接 9.5。

表 9.1　HanLP v1.8.3 支持的功能

功能	RESTful	多任务	单任务	模型	标注标准
分词	教程	教程	教程	tok	粗分/细分
词性标注	教程	教程	教程	pos	CTB、PKU、863
命名实体识别	教程	教程	教程	ner	PKU、MSRA、OntoNotes
依存句法分析	教程	教程	教程	dep	SD、UD、PMT
成分句法分析	教程	教程	教程	con	Chinese Tree Bank
语义依存分析	教程	教程	教程	sdp	CSDP
语义角色标注	教程	教程	教程	srl	Chinese Proposition Bank
抽象意义表示	教程	暂无	教程	amr	CAMR
指代消解	教程	暂无	暂无	暂无	OntoNotes
语义文本相似度	教程	暂无	教程	sts	暂无
文本风格转换	教程	暂无	暂无	暂无	暂无
关键词短语提取	教程	暂无	暂无	暂无	暂无
抽取式自动摘要	教程	暂无	暂无	暂无	暂无

9.2　大数据文本数据分析工具概览

随着互联网数据量暴增，越来越多的互联网公司采用大数据技术进行文本和日志数据分析与处理。以 Google 为代表的公司通过 MapReduce、GFS、BigTable 三驾马车构建大数据基础架构，开源社区推出 Hadoop、HBase 等代表性系统。对数据分析人员来说，Spark 是更容易上手、接口友好、使用广泛的工具，是可以用于大规模数据分析的编程框架，其他的大数据系统对编程要求较高，部署成本较高，对数据新闻从业者来说学习和实践成本较高。所以本节选用 PySpark 作为工具，向大家介绍如何通过 PySpark 进行数据分析。

Spark 是加州大学伯克利分校 AMP 实验室（Algorithms, Machines, and People Lab，算法、机器和人实验室）开发的通用大数据计算框架。Spark 在 2013 年 6 月进入 Apache，成为孵化项目，8 个月后成为 Apache 顶级项目。Spark 以其先进的设计理念，迅速成为开源大数据分析社区的热门项目，围绕着Spark推出了Spark SQL、Spark Streaming、MLLib和GraphX等上层框架组件，这些组件逐渐形成大数据处理全栈数据分析平台。PySpark是Spark为Python开发者提供的Python API，让数据分析开发者可以在Python脚本内无缝使用Python进行数据分析，其关系如图9.7所示。

图 9.7　Spark 的 Python 接口就是 PySpark 框架

9.2.1　基于 PySpark 的大规模文本数据分析与预处理

当需要处理的数据已经超过两台计算机的算力和存储，可以考虑使用大数据技术应对大规模文本分析，将数据存储于更多的机器，通过分布式跨越多个服务器节点进行大规模数据分析。PySpark是Python中Apache Spark的接口，它不仅允许使用Python API编写基于Python的分析脚本，还提供PySpark Shell命令行工具用于在分布式环境中交互式分析数据。PySpark支持Spark的大部分功能，例如Spark SQL、DataFrame、MLlib（机器学习库）和Spark核心，都是数据分析中可以用到的功能。

例如，MLlib是Spark的机器学习库，其包含以下功能模块：
① 机器学习算法。包括分类、回归、聚类和协同过滤算法。
② 特征工程。特征萃取、转换、降维和选取。
③ 数据统计。包括线性代数、统计学习和数据操作等。

使用大数据框架对数据进行分析时，使用的基本数据分析和机器学习算法的理论和之前介绍的是一致的，可以认为只是有相应工具的API发生了一些变化，但是好处可以做大规模的数据处理。

如程序9.11～程序9.13所示，通过代码的注释描述整个代码的流程，通过Python脚本进行文本预处理、向量化，以及通过流水线API构建数据分析流水线，之后再通过逻辑回归进行分类预测。

```python
# encoding=utf-8
from pyspark.ml import Pipeline
from pyspark.ml.classification import LogisticRegression
from pyspark.ml.feature import HashingTF, Tokenizer
from pyspark.sql import SparkSession


spark = SparkSession \
        .builder \
        .appName("PipelineExample") \
        .getOrCreate()


# 准备训练数据，将数据准备为每条为(id, text, label)元组格式的一组数据
training = spark.createDataFrame([(0, "我 准备 学习 数据 新闻", 1.0),
                                  (1, "还 需要 学习 自然 语言 处理", 0.0),
                                  (2, "通过 词袋 模型 向量化 文本", 1.0),
                                  (3, "然后 再进行 文本 聚类", 0.0)],
                                 ["id", "text", "label"])


# 配置ML流水线(pipeline)，流水线包含三个阶段：
# tokenizer（分词），hashingTF（向量化），lr（逻辑回归分类）
tokenizer = Tokenizer(inputCol="text", outputCol="words")
hashingTF = HashingTF(inputCol=tokenizer.getOutputCol(),
                      outputCol="features")
```

程序 9.11 PySpark 大数据文本处理

```
lr = LogisticRegression(maxIter=10, regParam=0.001)
pipeline = Pipeline(stages=[tokenizer, hashingTF, lr])
# 在训练数据集上训练整个流水线
model = pipeline.fit(training)
# 准备测试数据集，数据格式为 (id, text) 元组
test = spark.createDataFrame([(1, "还 需要 学习 自然 语言 处理 "),
                              (2, " 通过 词袋 模型 向量化 文本 "),
                              (3, " 然后 再进行 文本 聚类")], ["id", "text"])
# 对测试集文档进行预测，打印预测概率
prediction = model.transform(test)
selected = prediction.select("id", "text", "probability", "prediction")
for row in selected.collect():
    rid, text, prob, prediction = row
    print("{} --> prob={}, prediction={}".format(rid, str(prob), prediction))
spark.stop()
```

程序 9.12 PySpark 文本分类

```
1 --> prob=[0.9986587634198836,0.00134123658011638], prediction=0.0
2 --> prob=[0.001675724507875 2956,0.9983242754921248], prediction=1.0
3 --> prob=[0.9980154340392953,0.001984565960704801], prediction=0.0
```

程序 9.13 PySpark 文本分类结果

如程序 9.13 所示就是打印的程序执行结果及预测的概率。与训练集的预测值一致，说明训练集效果较好。读者可以用当前模型在测试数据集上再进行测试。

9.2.2 舆情监测平台简介

当前舆情监测平台有互联网自研和第三方两大类。互联网自研数据全面，数据合规，但是可能局限一家平台；第三方舆情监测数据跨平台，数据更为多样与丰富，但是容易受互联网平台的限制。下面将介绍几款代表性的舆情分析平台。

（1）新浪舆情通

当前大多数的突发舆情事件都是从微博发起并发酵传播的，而新浪舆情通的优势在于数据自有，可抓取新浪微博100%数据。使用这款工具，可以第一时间了解到用户在微博上的反馈，第一时间发现可能暴发的舆情风险。除了支持抓取全量微博数据，新浪舆情通还支持抓取包括微信、网站、视频、客户端等全网其他信源数据，来弥补数据源单一的缺陷。其主页如图9.8所示，官网链接见本章末二维码中链接9.6。

图 9.8 新浪舆情通

（2）百度舆情

百度作为最大的中文搜索引擎平台，拥有丰富的用户搜索关键词数据，可快速感知用户的热点关键词搜索，进而感知全网用户的热点情况和突发舆情。当网民大量搜索某个关键词时，舆情境况也就显现出来了。但是此类热点舆情有一定滞后性，不同于微博的舆情。网民搜索某个关键词的时候，也意味着网民对于某个事件有了初步认识，同时，也需要满足大量搜索这个条件，也就是说很多网民已经对这个事件有了初步的认识。百度舆情也不只采集网民的搜索数据，还包括社交媒体、博客和电商的数据，弥补单纯使用搜索数据的不足。百度舆情官网链接见本章末二维码中链接9.7。

（3）人民舆情

人民舆情是人民在线推出的舆情服务。人民舆情的特性依然是其内容优势，其拥有丰富的舆情总结案例，对数据新闻从业者在内容合规方面有很大的参考意义。其不仅能够进行舆情监测，用户也能从中学习如何更好地合规地应对舆情事件。人民舆情官网链接见本章末二维码中链接9.8。图9.9展示的是人民舆情提供的功能。

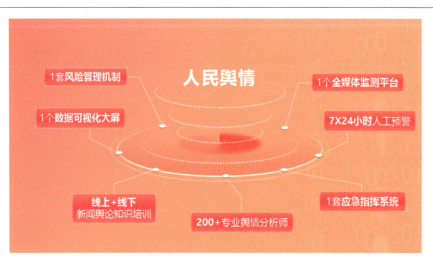

图 9.9　人民舆情

（4）天涯舆情

天涯作为国内老牌的网络论坛，虽然随着互联网不断迭代已经不如昔日用户量大，但是仍然有很多用户在天涯上发帖。如图9.10所示，当前一般的舆情分析平台也会抓取天涯上的数据，天涯本身也提供舆情分析服务。天涯舆情官网链接见本章末二维码中链接9.9。

图 9.10　天涯舆情

扫码获取本章内容
中相关链接

第 10 章

数据新闻案例与分析

10.1 新华网:【数·百年】看高等教育从"大国"向"强国"迈进

10.1.1 正文视频动态图表展示动机和历史

该新闻主要介绍我国高等教育的多年发展与历史。正文整体行文:"九月开学季,多少学子走进高等院校的校园。高等院校培养出了一代代有志青年,投身于各行各业……"新闻链接见本章末二维码中链接10.1。

以上以经典的新闻背景介绍开头有助于引起读者兴趣,防止一开始就进入到冰冷的数据中进行分析。

如图10.1所示,在介绍完上面的开场白后,其嵌入了一段长达21秒的视频,

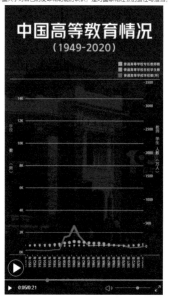

图 10.1 视频动态展示在校师生数随时间的变化

视频中展示的是横轴为时间,纵轴为师生数量,动态由左向右不断推进师生状况的变化趋势。相比传统展示方式,这种展示方式有几点好处:

① 吸引人关注趋势的变化。

② 对于横轴跨度较大的场景非常适合展示,同时适合手机端的屏幕尺寸进行播放,是值得借鉴的跨设备和面向移动端设备的呈现方式。

10.1.2 桑基图展示高校数量分布与层级

接下来从高校数量的角度进行展示和介绍:"截至2020年6月30日,全国高等学校(未包含港澳台地区高等学校)共计3005所,其中:普通高等学校2740所,含本科院校1258所、高职(专科)院校1482所,成人高等学校265所。"配合这段文字的是如图10.2所示的图。

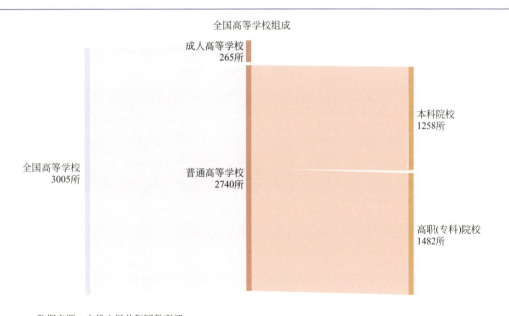

图10.2 新华网 桑基图展示高校组成

在此桑基图中非常清晰地呈现多层级数据之间的组成关系和相应的比例。同时可以观察到,这个桑基图也采用动态的表达方式进行构建和呈现。其数据源来源于教育部，好处是数据权威。

那么有哪些工具可以构建如上的桑基图呢？首先需要找到合适的数据源，这就如之前章节所介绍的，本实例采用的数据源来源于政府部门的官方网站，只需要定位到官方网站即可下载，并配合一定的数据格式转换或者数据预处理即可使用。例如，教育部官网（官网链接见本章末二维码链接10.2），提供了多年的教育统计数据，其中有远超于以上数据新闻的丰富的数据源，对书写教育类的数据新闻有很大的帮助。如图10.3所示，教育部的官方网站提供各年份的教育统计数据与公告，这类数据对新闻媒体来说，若自己统计，既不权威，也耗时耗力，最好的办法就是引用官方的权威数据，进行"二次加工"，让数据焕发新的生机，以新闻从业者专业的呈现手法进行展现。

其次，关于制作桑基图，如果是静态图表，不需要在网站让用户实时交互，

图10.3 教育部官方教育统计数据

则可以采用Python、PowerBI等工具。例如,图10.4就展示了PowerBI制作静态桑基图,相比新闻的桑基图,如图10.4的桑基图展示更多的层级,每个层级有更多的组成。

如果想在网页中嵌入动态桑基图并实现交互,且数据实时获取,则可以通过ECharts制作,如图10.5所示,ECharts提供了基础桑基图、垂直方向的桑吉图、

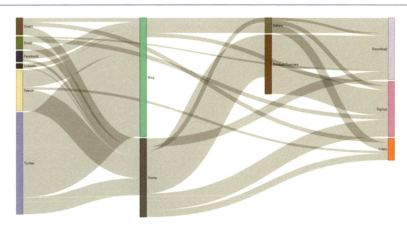

图10.4　PowerBI制作静态桑基图

图10.5　ECharts制作动态桑基图

第10章　数据新闻案例与分析　161

自定义样式、渐变色边、对齐布局等多个实例。此方式好处是比静态图呈现效果好，但是弊端是对编程要求较高，如果想每天有新数据更新，还需要搭建后端数据源和数据处理流水线，最好能有专职IT开发工程师协助构建。

10.1.3 高校毛入学率极坐标图（Polar Chart）展示

配合下面的极坐标图展示，新闻中介绍："1949年，我国高等教育毛入学率仅0.26%。1999年的扩招开启了中国高等教育规模化的发展，2003年，高等教育毛入学率快速突破15%，进入大众化阶段。2020年，高等教育毛入学率达到了54.4%……"

极坐标图最适合用于以二维图表的形式显示具有任意数量变量的多变量观测值的数据可视化。极坐标图也称为雷达图、网络图、蜘蛛图和星图等。如图10.6中的极坐标图是和分区图结合的版本，如果将其展开，则是一个典型的二维分区图。相比单纯利用分区图，此图让人耳目一新，且节省一定的篇幅，让可以呈现的字体更大更清晰，劣势是对不熟悉极坐标图的读者来说，可能首要需要理解此类图的呈现手法。

那么可以通过哪些工具构建图10.6的图表呢？ECharts提供了多款的极坐

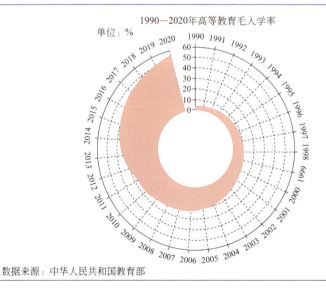

图 10.6 高等教育毛入学率

标图构建的实例模板，其中较为接近的是柱状图极坐标图模板（见本章末二维码中链接10.3），如图10.7所示，其与新闻中实例的区别是，新闻中相当于是将"分区图进行扭曲"构建，图10.7中相当于是将"柱状图扭曲"进行构建，读者可以尝试将实例中的数据和坐标轴替换，复现类似新闻中展示高等教育毛入学率的实例。

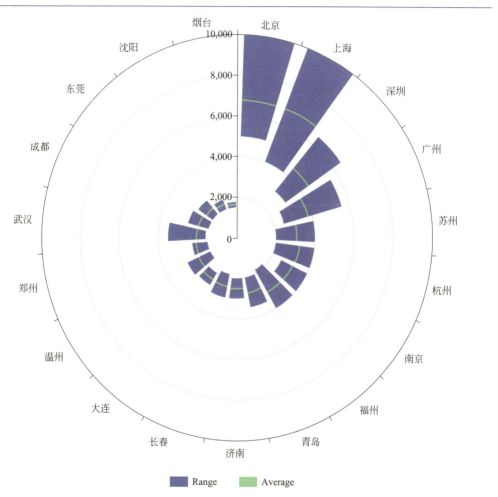

图 10.7　ECharts 提供的柱状图极坐标图实例

10.2 新华网：冬奥小课堂 | 陆续发布！记住北京 2022 年冬奥会的这些元素

10.2.1 单栏图展示

新华网"冬奥小课堂|陆续发布！记住北京2022年冬奥会的这些元素"主要介绍冬奥中的元素，以图示化单栏的展示形式呈现具体的元素、实例图片和各种冬奥元素，让人能具象地所见即所得地对冬奥的各种元素有直观的感受。新闻链接见本章末二维码中链接10.4。

如图 10.8 所示，新闻整体是单栏的图片，其宽高比适配手机，有助于用手机打开，用户可以不断通过下滑的方式打开下面的内容。

图 10.8 冬奥小课堂

10.2.2 按顺序展示元素

在之后的内容中，按以下顺序介绍其中重要元素：会徽、吉祥物、志愿者标志、色彩系统和核心图形、体育图标、火炬、主题口号、奖牌、制服。

挑选其中的一些实例分析其展示形式。如图 10.9 所示，以火炬为例，通过图示和具体的文字简介，可以非常具体地对应火炬正面和背面，而消除直接配图时不好的用户体验。

图 10.9　冬奥小课堂——火炬

10.2.3　社交媒体分享

如图 10.10 所示，在此数据新闻最后有几个对社交化元素友好的信息进行展示，这种设计有利于文章在社交媒体的传播与推广：

① 二维码。二维码扫码关注客户端与公众号。

② 点赞。增加读者互动的同时，通过点赞信息逐渐能通过数据驱动的方式

图 10.10　社交化元素展示

获取和感知读者对文章主题和形式的喜好，为未来设计数据新闻提供具体的量化的统计信息，指导未来数据新闻选题、形式选择。

③ 社交媒体分享。提供微信、微博等社交媒体分享按键，让数据新闻产生二次传播，提升新闻的传播效果。

④ 分享到手机。让即使在PC端打开的新闻也能在移动端进行二次传播。

10.3　新华网：【数·百年】守护世遗瑰宝 贡献中国力量

10.3.1　新闻正文概览

新华网数据新闻"【数·百年】守护世遗瑰宝 贡献中国力量"，主要介绍世界遗产保护中中国的贡献和当前现状及历史的发展。新闻链接见本章末二维码中链接10.5。

由于需要回顾1978年到2021年世界各国的世界遗产变化，则采用短视频的方式呈现每一年的变化,每帧呈现一个年份的条形图,并且图形尺寸为适合手机呈现的尺寸,如图10.11所示。

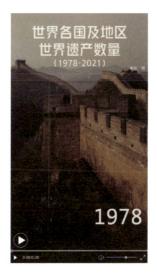

图 10.11 嵌入短视频于正文

如图10.12所示,在短视频的内容中,通过每一帧动态呈现每一年的分布,不断地呈现排名的变化,并高亮突出中国,视觉冲击感很强,整体变化趋势非常清晰。

图 10.12 以短视频呈现数据分布变化(横轴是遗产数量,纵轴是国家)

10.3.2 分区图呈现世界遗产的新增数量

基本分区图（又称为分层分区图）是在折线图的基础上构建，轴和行之间的区域使用颜色进行填充以指示数量。分区图强调随时间推移的度量值，可以用于吸引人们关注某个趋势间的总值。例如，可以在分区图中绘制随时间推移的世界遗产的新增数量，以强调三者（世界文化与自然双重遗产、世界自然遗产、世界文化遗产）之间的关系，如图10.13所示。

图 10.13　世界遗产的新增数量分区图（横轴是年份，纵轴是文化遗产新增数量）

如何制作以上的分区图呢？可以通过之前介绍的PowerBI的分区图进行制作，如图10.14所示。参考实例见本章末二维码中链接10.6。

如图10.15所示，读者可以选择可视化效果窗格中的"分区图"选项，在主面板中创建分区图，之后在右侧选择需要放入的列，新闻中就可以选择时间为横轴，纵轴放入世界遗产数量，进行制作。

10.3.3 径向树状图构建中国世界遗产概况

如图10.16所示，采用径向树状图呈现中国世界遗产概况，其中包含几个数据维度：年份时间、文化遗产性质、文化遗产。

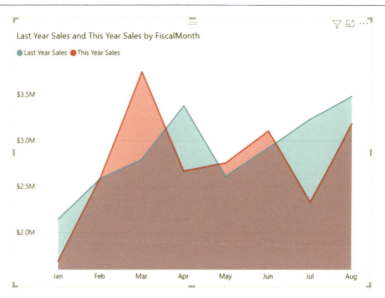

图 10.14　PowerBI 分区图（横轴是月份，纵轴是销量）

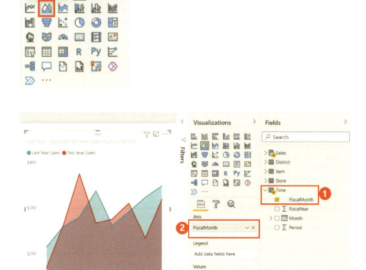

图 10.15　制作 PowerBI 分区图

径向树状图最大限度地包含了体量较大且关系复杂的相关内容。径向树或径向图是一种以径向向外扩展的方式显示树结构（例如树数据结构）的方法，它是可视化显示树的众多方法之一。示例可追溯到20世纪初，它是一种信息图形。

图 10.16　径向树状图构建中国世界遗产概况

接下来通过之前涉及过的工具介绍如何制作径向树状图。通过ECharts自带的实例（见本章末二维码中链接10.7）参考制作。如图10.17所示就是本实例通过ECharts构建出的径向树状图，只需要选择性地将其中的数据替换为数据遗产数据即可达到同样的效果。

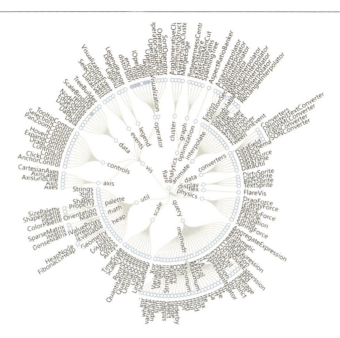

图 10.17　ECharts 构建径向树状图

ECharts 还利用在线服务 codepen.io、codesandbox.io 生成 HTML、CSS、JS，三者分离可编写在线编程界面，方便用户改写和扩展程序，制作相应的在线可视化图。例如，图 10.18 所示的实例就是 ECharts 允许用户将实例导航到 codepen.io 的实例，其中将三类代码分别在三个编辑器中呈现，有利于模块化地修改实例。

图 10.18　ECharts 三类编辑器

10.3.4　世界和中国自然遗产和双遗产保护对比

在进行世界和中国双遗产保护对比之前先进行了一段富有文采的描述：

"亘古星宇下，世界遗产历经风霜，静立千年，共同见证着人类文明的进步和发展。如今却由于城市扩张、资源过度开发、环境污染等问题，面临着诸多威胁。"

"目前全球1154项世界遗产中，有52项被列入《世界遗产濒危名录》，其中管理和制度的问题是当前世界遗产保护面临的主要困境。"

"虽然中国各遗产地也面临保护与发展相互协调的种种困难和压力，但迄今中国18处世界自然遗产和双遗产总体保护状况良好。"

"《2020年世界遗产展望》显示，中国无濒危状态遗产地，整体保护状况明显优于国际平均水平。"

之后便通过图10.19呈现相应的对比，其中比较有新意的是采用树作为背景形状，呈现濒危保护的寓意。其中通过轴和量化比例，以及颜色形成非常鲜明的对比，是一种呈现对比的图示可视化的较好的形式。读者也可以参考借鉴并进行使用。

这类图背景较为个性化，可以通过一些已有的模板进行迁移尝试构建类似的图示。例如，ECharts提供人体含水量的图示，用来进行比例对比，如图10.20所示，实例主页见本章末二维码中链接10.8。在此实例中，如果读者想修改背景图示，则需要修改代码中的symbols，其中代码对应5个实例，可以选择需要增加

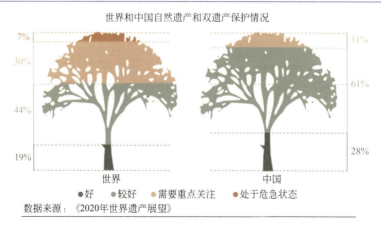

图 10.19　世界和中国自然遗产双遗产保护情况

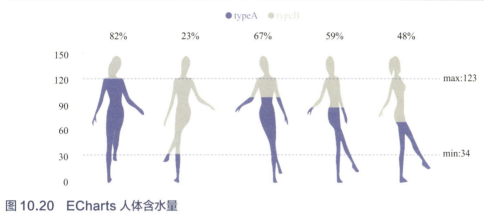

图 10.20　ECharts 人体含水量

和减少的对比类别。

10.3.5　极性图展示全国文物机构观众人次

在此新闻的全国文物机构观众人次展示中,再次使用极性图进行展示,如图 10.21 所示。相比之前的极性图实例,其中又融合了新的维度,也就是观众人次

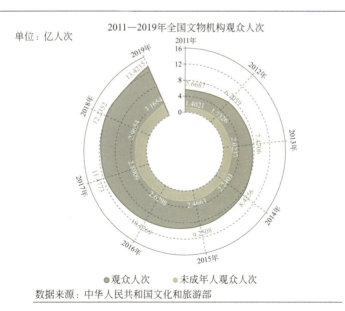

图 10.21　全国文物机构观众人次

和未成年人观众人次,所以可以看到,数据新闻制作中,会不断重复使用之前的实例图示展示形式,可视化图表本身的种类并不多,变化的是数据和具体的应用场景,但是呈现的图形模式却是经典的,是不容易过时的。

10.4 澎湃:数说上海公园 | 公园总量5年翻了一倍

10.4.1 新闻正文概览

澎湃新闻"数说上海公园 | 公园总量5年翻了一倍"其主体以短视频方式进行呈现,如图10.22所示。新闻正文如下:"公园,一直是现代化大城市基础建设

图 10.22 数说上海公园

中不可或缺的一部分。它不仅是城市的靓丽风景，也是吹拉弹唱，尬舞相亲的集散地，为疲惫都市人提供了心灵的港湾，城市公园及其服务成为评价城市影响力和衡量市民生活水平的指标。那么你知道上海有多少座公园吗？"正文以问题的形式呈现，引发读者更多的阅读兴趣。

10.4.2　交替使用真实视频与动画

在本数据新闻中，适合使用真实照片或视频的内容，其使用真实图片进行展示，而对于呈现统计数字等信息场景，使用动画和可视化图表呈现。

如图10.23所示，对于公园自然风景，很适合通过真实图片展示，如果通过绘图，则容易失真。

图 10.23　数说上海公园 – 图像展示

如图10.24所示，当切换到一些数据时，数据分析的结果就非常适合以动画形式的可视化图表进行呈现。

图10.24呈现的可视化图表，非常类似树状图和饼图呈现的效果，但是其中难以对郊野公园部分进行特殊处理，对这类图像通过什么工具能够处理呢？其实可以对这类不需要交互的动画类的可视化图片通过PowerPoint绘制，利用其中的Shape和Icon提供的基本元素，在其中构建出特定的可视化展示图。

图 10.24　数说上海公园 – 动画展示

10.4.3　旭日图展示公园类型

新闻中利用旭日图（sunburst）展示不同公园类型的分布与层级关系，如图 10.25 所示。旭日形图案是建筑装饰品和设计图案以及可能的图案书籍中常用

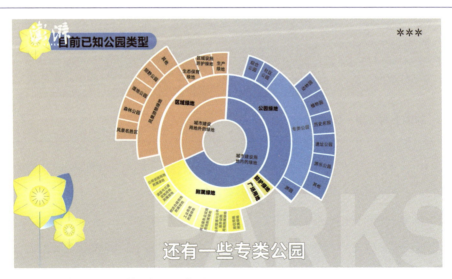

图 10.25　数说上海公园 – 目前已知公园类型

的设计或图形，它由以太阳光的方式从中央圆盘辐射出来的光线或光束组成，有时使用旭日图的一部分，如半圆形或半椭圆形。传统的旭日图通常是光线随着逐渐远离中心而变窄，从19世纪后期开始，也有变宽的形式出现。

那么如何制作旭日图？通过ECharts的旭日图实例，只需要修改其中的数据，进而达到制作旭日图的目的。实例链接见本章末二维码中链接10.9，读者需要修改实例中的data，例如，其中的继承嵌套关系遵循JSON数据格式，只需要替换其中的JSON数据格式关系即可。例如，将其中的Grandpa和Uncle Leo等的数据关系替换为新闻中的"区域绿地"等信息。代码如程序10.1所示，结果如图10.26所示。

```
var data = [
  {
    name: 'Grandpa',
    children: [
      {
        name: 'Uncle Leo',
        value: 15,
        children: [
          {
            name: 'Cousin Jack',
            value: 2
          },
          {
            name: 'Cousin Mary',
            value: 5,
            children: [
              {
                name: 'Jackson',
```

```
          value: 2
        }
      ]
    },
    {
      name: 'Cousin Ben',
      value: 4
    }
  ]
},
```

程序 10.1　ECharts 制作旭日图代码

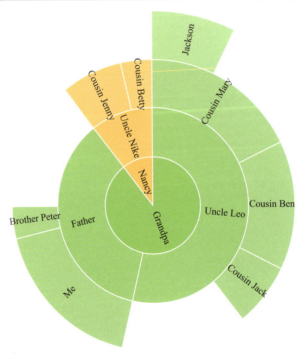

图 10.26　ECharts 制作旭日图

10.4.4　公园地理位置分布

新闻中通过地图呈现了公园在上海市的分布。这类可视化图示非常适合呈现需要在空间上展示信息的场景。

如何绘制地图上展示的热力图？可以参考使用ECharts中的关于全国空气质量的实例，进行拓展。实例链接见本章末二维码中链接10.10，读者只需要替换实例代码（程序10.2）data中的数据为所需要呈现的地理位置，其中value配置需要呈现的维度，例如空气质量，也可以是公园数量等。

```
const data = [
  { name: '海门', value: 9 },
  { name: '鄂尔多斯', value: 12 },
  { name: '招远', value: 12 },
  { name: '舟山', value: 12 },
  { name: '齐齐哈尔', value: 14 },
  { name: '盐城', value: 15 },
  { name: '赤峰', value: 16 },
  { name: '青岛', value: 18 },
```

程序 10.2　ECharts 制作地理分布图代码

10.4.5　公园地理位置分布热力图

新闻中通过热力图和地图的结合形式——地理热图（Geo Heatmap）呈现了上海的公园地理位置分布，集中分布的区域和非集中分布的区域形成了鲜明的对比。地理热图是一种交互式可视化，可在真实地图上显示数据点，并表示出低密度和高密度区域。

那么和地图结合的热力图如何进行构建？这需要与地图服务结合的可视化图表进行绘制。例如，通过ECharts中的热力图与百度地图扩展，实例图链接见本章末二维码中链接10.11。

10.5 澎湃：数说冬奥｜9金创纪录收官，回顾42年中国冬奥夺牌历程

10.5.1 新闻正文概览

北京冬奥会中国代表团共获得9金4银2铜，以刷新历史金牌、奖牌总数的成绩创纪录收官。该新闻在正文中首先回顾了中国冬奥会奖牌的历史：1980年首次参加冬奥会至今，中国共获得77枚冬奥会奖牌，包括22金32银23铜。参赛运动员人数从28人上升至178人。参赛项目从3个大项18个小项，上升至7个大项104个小项。与2018年平昌冬奥会相比，中国在北京冬奥会新增参赛项目包括冰球、雪橇2个大项，北欧两项等3个分项，首次实现冬奥会大项、分项的"全项目参赛"。

该新闻回顾42年中国冬奥夺牌历程，以77枚冬奥奖牌为主线，尝试勾勒中国在冬奥赛事上的发展与突破。之后以纵轴为时间线，横轴为奖牌类型划分，以表格形式呈现奖牌纪录，表格中的单元格呈现的是具体的奖牌性质和数量，并利用空间引入具体的冬奥会Logo，让图片看起来不单调，如图10.27所示。

10.5.2 冬奥会金牌项目分布

在对冬奥历年中国获取的奖牌和比赛类型进行盘点时，新闻作者采用表格形式进行可视化呈现。同时其在大篇幅的可视化表格中，按照不同项目的性质，将不同的项目分在不同表格如图10.28所示。因此，在制作可视化图表时，不一定每个专题单一地只使用一个可视化表格，当无法容纳或者新增维度时，可以考虑增加新的区域和表格，让整体呈现更加合理。

表是一个网格，其中包含一系列逻辑行和列中的相关数据，它还可能包含标

图 10.27　澎湃 – 冬奥会金牌项目分布（1）

图 10.28 澎湃－冬奥会金牌项目分布（2）

题和总计行。表格适用于定量比较,适合读者查看单个类别的许多值。PowerBI 表格实例:见本章末二维码中链接 10.1。读者可以通过 PowerBI 设置多个表格在一个大的面板中,对每个表格可以设置不同的行和列、不同的背景颜色、不同的单元格元素(文字或者图标),如图 10.29 所示。

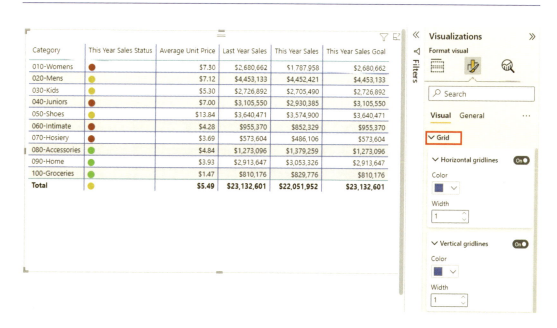

图 10.29 PowerBI 表格(横轴为销量状态、目标等,纵轴为分类)

10.5.3 获得奖牌最多的运动员 / 组合

在图 10.30 中可以看到,对获得奖牌最多运动员排行的分析和呈现中,依然使用表格的形式,但是其中又融合了新的图标和 Logo,对这种情况似乎通过可视化工具自带的工具无法完成。则可以通过 PPT 对这类构图进行可视化构建,因为其本身是静态图,可以灵活添加各种 Logo 和自定义图标。

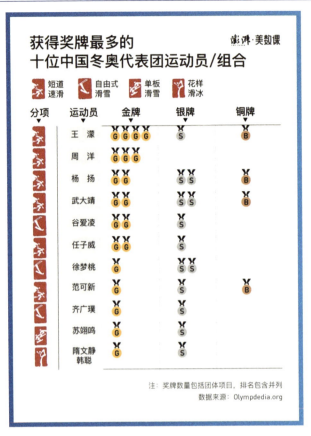

图 10.30 澎湃－冬奥会中国运动员奖牌分布

扫码获取本章内容
中相关链接

第 11 章
数据新闻机构与媒体分析

随着互联网的发展，媒体和互联网公司都在思考如何使用数据驱动新闻的发展，客观量化新闻信息的呈现，尝试构建数据新闻媒介新的实践和范式。其中代表性的有财新网数字说、腾讯谷雨和网易数读等。本章将围绕数据新闻的代表性机构和案例进行介绍，启发读者关注数据新闻的业界前沿。数据新闻机构与媒体已有多个，见图11.1。

如图11.1所示，将机构以国内、国外，还是媒体、互联网公司的性质划分为

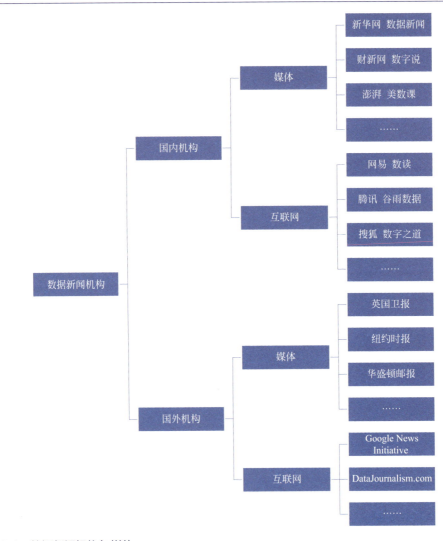

图 11.1 数据新闻机构与媒体

几类，在其中挑选比较有代表性的机构进行介绍，围绕其历史、呈现风格和值得借鉴的手法展开。

11.1　财新网数字说

近年来，人民网、新华网、澎湃新闻、财新网等媒体争相开辟数据新闻板块，其中代表性的有财新网"数字说"。

早在2011年财新网就开始了数据新闻的战略布局，实现了数据新闻报道的持续创新。"数字说"于2013年正式上线，是财新网数据新闻中心重要的数据新闻栏目，成为数据新闻实践的开拓者。2016年，财新网成为我国唯一入围"全球数据新闻奖"的媒体，2018年更是一举斩获"全球年度最佳数据新闻团队奖"。"数字说"栏目代表了财新网数据新闻的生产水平。财新数字说官网链接见本章末二维码中链接11.1。如图11.2所示是数字说的主页。

图 11.2　财新网数字说

财新网数字说划分科技、地产、汽车、消费等板块，文章采用可视化方式进行呈现。同时，在阅读中也会穿插调研等手段获取用户反馈数据，进而扩充数据新闻的数据。如图 11.3 所示。

图 11.3　财新网数字说 – 狗狗伤人风险调查

针对这篇文章（见本章末二维码中链接 11.2），可以观察到，本新闻是通过爬取和分析裁判文书网的 2013 年至 2021 年北京地区涉犬案件完成的数据新闻作为支撑数据，进而创作出的数据新闻。所以前面章节中，所介绍的数据抓取、数据分析技术和方法是支撑数据新闻的底层和关键技术。

11.2　网易数读

网易"数读"属于网易新闻的一个独立新闻板块，与国内新闻、国际新闻、社会新闻、新闻评论、军事新闻等同属网易新闻的下设分类板块。网易"数读"

的设立目标是用数据说话,提供轻量化的阅读体验。下设国际、经济、政治、民生、社会、环境、其他等板块,并已开设网易"数读"新浪微博和微信公众号,进驻多样的媒体。网易数读逢周日、周二、周五更新新闻内容,每逢周五推出"一周数读",解读本周发生的热点事件。

网易"数读"的数据新闻有以下特点。

① 议题选择。关注公共利益,寻求个人关联。

数据新闻的特点之一即以服务公共利益为目的。从公众利益出发是新闻报道的出发点,数据新闻作为新闻报道的一种新形式,也要遵循这一基本原则,把社会公众的利益放在首位,为社会大众服务。其主题分布是国内新闻与国际新闻比重接近,其国内新闻以社会新闻为主,新闻主题与受众实际生活息息相关。

② 报道方式。使用数据说话,建立相关关系。

数据新闻以公开的数据为基础。公开数据具有客观、权威的特点,是私有数据所不能比拟的。公开的数据来源是数据新闻产生的前提,只有依靠海量的数据资源,数据新闻才有可能保持自身的准确性和可靠性。

从数据新闻与传统新闻比较的角度来看,传统新闻以文字纯文本为主,文字在前,数据在后;而数据新闻则是数据在先,文字在后,属于数据驱动下的新闻。很多时候是因为分析了数据,得到了洞察,进而产生了书写一篇新闻的需求,将数据分析出的洞察以新闻呈现出来广而告之。网易"数读"的数据图表在代替传统新闻文字叙事方面发挥的作用尤为明显。

网易"数读"的海量数据大多来自政府部门公布的统计数据、公司在官网上发布的公司财务报表以及其他媒体在公开报道中使用的数据或者由媒体自行抓取的第一手数据。所以通过网易"数读"的定位,可以看到,创作数据新闻本身有很广阔的空间,只要选择好细分的领域,都有机会创作出有意义且引人关注的高质量数据新闻。

网易"数读"官网链接见本章末二维码中链接11.3。如图11.4所示,是网易"数读"的主页,其内容并不都是宏大叙事,而是从一些人们平时生活中易于感知的主题切入。

图 11.4　网易数读

11.3　谷雨数据

腾讯谷雨是一个致力于支持中国非虚构（Non-fiction）作品创作与传播的非营利项目，由腾讯公益慈善基金会、腾讯网共同发起，通过微信公共号、网站等途径刊登数据新闻作品。腾讯谷雨官网链接见本章末二维码中链接 11.4。其主页如图 11.5 所示。

腾讯谷雨内容选题更贴近年轻人的实时网络热点，关注职场、健康养生、社会问题等，如图 11.6 所示。可视化的方式比较多样，有常见的可视化图表，也有漫画，整体来说谷雨整体风格更加贴近都市白领与年轻人更加关注的主题。所以选题方向、文字风格、可视化风格、数据来源、数据分析手段等多种因素都会决定一家机构的数据新闻风格，谷雨也是经历了大量摸索后确定的整体风格，所以数据新闻本身并不是冷冰冰完全靠程序制作的新闻，程序和数据分析只是将之前

切尔诺贝利核风波33年后　　　　　2019普利策奖最全解析

图 11.5　腾讯谷雨

阅读更多请点击：

幽门螺杆菌｜上海高端餐厅｜深圳教师编｜清北毕业生就业｜社会时钟｜2020vs2022的变化｜2021最后悔的事｜鬼屋｜老家买房｜财富自由｜北方澡堂｜网络语｜应届生｜儿科医生｜家暴｜美食荒漠｜肺癌｜糖尿病｜恋爱

公众号对话框回复其他关键词，可查看更多文章

想和谷雨数据一起搞事，总共分几步

图 11.6　腾讯谷雨"阅读更多"

不可能分析完成的数据加工出来，提供更为丰富客观的语料，所以还是要回归新闻的初衷与本心，客观看待数据和可视化技术手段的作用，其是为构思好的新闻服务。人工智能技术在当前阶段也并不能自动生成有"温度"的新闻，所以新闻的核心创作和灵魂还是在于作者本身。

综上所述，已经开始看到随着数据科学在数据新闻中的普及应用，越来越多的媒体开始尝试数据新闻的新范式，记者、程序员、媒体人越来越多地出现跨界，制作一份客观、有数据支撑的新闻，越来越依赖多学科的融合。一些大机构的数据新闻团队一般由媒体人、记者、程序员等构成。对个人作者则需要通晓新闻学理论和计算机技术，才能高效创作数据新闻。

11.4 新华网数据新闻

11.4.1 新华网数据新闻简介

新华网多媒体产品中心数据新闻部成立于2013年，是一支拥有近几十名核心成员的创新型团队。团队由数据记者、数据编辑、可视化设计师、前端工程师等组成，主要负责数据新闻栏目的更新以及全网重点创意产品的开发，致力于数据新闻等新闻产品的传播。官网链接见本章末二维码中链接11.5。

新华网是国内最先成立数据新闻部的官方网站，并于2013年3月推出"数据新闻"专栏，是国内最早一批进行数据新闻实践的媒体。新华网"数据新闻"栏目以"数读新闻，据焦天下"为设计理念，用信息图和可视化图表来传达数据背后的故事，让抽象的问题和概念形象地展示出来。

如图11.7所示，新华网数据新闻包含讲习所、第一时间、数据观、涨知识、健康解码、政经事、数问民生、新极客、人文说、漫动作内容频道。其历史沿革如图中"数据新闻大事记"所示。

如图11.8所示，其主页还包括多种呈现形式和栏目，例如首页、信息图、图文互动、数视频、PC交互、手机交互。其呈现以下特色和创新：

① 多媒体的展示形式。不仅提供图可视化和文字结合的传统方式，同时随着当前短视频的发展，也逐步制作视频类的数据新闻呈现形式。

② 多种设备终端的展现形式。例如提供手机端、PC端等多种设备的适配，提升用户的交互和阅读体验。

③ 关心国计民生和国际核心事件的选题。例如曾发表高等教育、中国节日、世界遗产等主题的数据新闻。

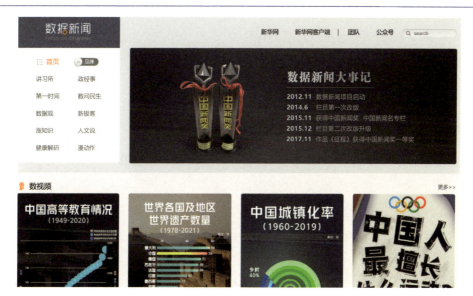

图 11.7 新华网数据新闻主页

图 11.8 新华网数据新闻图文互动

第 11 章 数据新闻机构与媒体分析

11.4.2　数据新闻叙事特征

新华网数据新闻表现为以下几个代表性叙事特征：

① 客观化的叙事者陈述，叙事者隐身于可视化的数据统计。

② 多元化视角呈现问题，从多个视角展开数据分析。

③ 多媒体融合，多设备交互，与被采访者互动的自媒体化。

所以可以看到传统媒介也在随着互联网的发展而不断调整展现形式，但是"内容为王"，高质量的内容、思想，仍旧是高质量新闻的立身之本。

11.5　搜狐数字之道

11.5.1　搜狐数字之道简介

搜狐数字之道是搜狐旗下的数据新闻媒体。其栏目简介为："这不是数字游戏，不是国民经济报告，也不是什么深奥道理。在这个现代社会，你可以不爱数学，但你一定要会看图算账。有图有真相，数字不说谎，《数字之道》欢迎各种评议和转发，记得@图表新闻！"官网链接见本章末二维码中链接11.6。

搜狐数字之道如图11.9所示，其包含第一播报、排行、国内、国际、专题、话题、图述、人物、民调、时评、专栏、图片、社区、Pad版多个栏目。其栏目和内容呈现以下特点：

① 内容娱乐化，和民生、科技、金融主题较为贴近。例如，在中国做全职太太，你的住房被谁平均等。

② 设备适配单一，但是提供Pad版。

③ 一定数量的新闻数据来源于其他媒体，进行二次解读和策划。例如，来源于人民日报、CNN等媒体。

④ 产学研结合，有些内容会联合高校共同调研与研发。例如，曾联合北京大学研究团队开展了电子设备手写功能的使用情况调查。

图 11.9　搜狐数字之道

数字之道利用互联网的产品思维，同时也提供与读者互动的环节，例如在其页面中提供了爆料和辟谣环节，并提供客服热线与一线读者能够互动和感知，获得反馈，进而提升用户体验。

11.5.2　数据新闻编辑的岗位要求

从"人"的角度探究数据新闻行业对数据新闻从业者的要求是什么，也就是他们的从业内容是什么。以搜狐数字之道数据新闻编辑的招聘需求看工作职责，进而有具体的认识（图11.10信息来源于互联网）。

由图11.10可以总结对数据新闻编辑和从业者要求如下：①传统新闻的敏锐洞察能力；②数据分析与可视化的视觉思维；③能够有国际化的视野和英文阅读能力；④一定的可视化工具的使用和图表制作能力。

搜狐策划中心-数字之道

一、数据新闻编辑*1

工作职责： 负责数字之道的可视化工作，为图解、数据新闻，以及其他可视化产品提供选题、素材、文案。

任职要求：

1、关注时事、喜欢新闻，能挖掘出新闻事件不局于表面的价值点，保有好奇心。

2、有敏锐的视觉化思维，有将文字转化为视觉产品的想象力，尊重数据本身规律、严谨。

3、有职业精神，可以接受因突发新闻而来的加班，工作有效率，不拖延，不偏执。

4、本科以上学历，阅读英文文献、资料无障碍。

以下条件优先：

1、有翻译国外优质视觉化产品、数据新闻作品者优先。

2、有数据新闻、图表产品、H5策划制作工作及实习经验者优先。

3、拥有双学科背景者优先。

图 11.10　搜狐数字之道 数据新闻编辑岗位职责描述

11.6　澎湃美数课

澎湃新闻的美数课栏目是其旗下的数据新闻频道，其理念为："数字是骨骼，设计是灵魂。与新闻相关，又与新闻无关。"官网链接见本章末二维码中链接11.7。其涵盖的主题主要为：民生新闻（例如，死亡率高达70%的热射病，谁最容易中招）、娱乐（例如，周杰伦出新专辑了，但为什么你不喜欢）、科普（韦伯空间望远镜：130亿年前的群星闪耀时）、国际时事（1.2倍GDP打造世界杯，卡塔尔这么"壕"？）等，如图11.11所示。

除了基本的数据新闻报道，美数课也作为媒体等形式进驻自媒体平台发布相应的数据新闻，从中可以看到，媒体不再需要单一构建自己的网站，而是应该全媒体融合发布内容，在自己擅长的领域进行内容制作与数据分析。如图11.12所示，澎湃美数课作为自媒体在微博有官方账号，也在持续发布相应的数据新闻内容。

图 11.11 澎湃美数课主页

图 11.12 澎湃美数课新浪微博（图来源于新浪微博截图）

在其数据新闻中，可以观察到一些新的展示手法。

① 利用地理位置信息的手法展示。例如，"1.2 倍 GDP 打造世界杯，卡塔尔这么'壕'？"中，通过地图解析卡塔尔世界杯主场城市变化。如图 11.13 所示，

通过这种展示方式，读者可以有"身临其境"的感觉，同时又由于虚拟3D画面，让人有立体化的认知，同时通过标注距离时间线等时空信息，让人能够量化感知当时现场，此方式也可以用于刑侦探案等新闻。这样客观翔实地还原新闻场景，对客观报道、身临其境、减少谣言传播等，有非常好的效果。

图 11.13　澎湃－结合地理位置信息的数据新闻展示手法
（图中为垂直拍摄地图，来自Sky News）

② 漫画风格的展示形式。例如，"凉山小伙致谢刷屏背后，寒门学子有多难？"此文整体的数据新闻风格不是采用常用的标准模板或商务数据分析风格，而是采用漫画的线条与风格进行展示，这种风格一般可以通过以下技术手段制作：a.工具自带的由专业漫画从业者绘制的模板进行绘制。b.通过人工智能技术，对原始图像进行风格迁移，直接转换图片为执行的漫画风格。这种风格的展示有以下好处：

○ 风格诙谐有趣，吸引读者兴趣。

○ 可以进一步覆盖更低龄的人群。

○ 理性与哲理无违和感地融合。清新脱俗地展示，并可以结合漫画特色将图文的哲理适当发挥，让单纯从数字中无法展示的寓意以漫画的形式展开。而单纯使用漫画容易丧失客观性，难以产生客观的说服力，单纯使用数字化图表容易过于客观、冰冷，不容易最终升华和启发读者进一步上升维度思考。

○ 以低成本、高效的方式展示实景照片所展示的内容。如图11.14所示，如果要拍与图11.14相似的实景照片，即需要找到相应的空间环境、气候条件，以及出镜人，并需要到实地进行拍摄，产生的实际成本较高，而如果通过漫画的方式，甚至通过漫画生成软件进行绘制，则可以在保证新闻实时性的同时，降低素材的获取成本。

图 11.14　澎湃－漫画风格的数据新闻展示手法
（横轴代表学校到家不同的距离占比，纵轴是学生类型划分）

③ 通过前端技术交互式、动画式的展示形式。例如电影级 CG 动画呈现天宫空间站建造历程。如图 11.15 所示,其动画展示外太空飞船对接,流程清晰形象,不断通过动画展示连续性内容,让读者可以将主要注意力集中于当前信息,增加趣味性和参与感,让读者真正去消化和理解新闻内容。

图 11.15　澎湃－动画数据新闻展示手法

④ 交互式数据新闻。世界杯期间,澎湃通过手机小游戏的方式,吸引读者参与的同时,也让读者关注热点新闻事件,并与读者进行互动,起到了很好的传播效果,如图 11.16 所示。

图 11.16　澎湃－动画数据新闻展示手法

11.7　国外数据新闻机构

11.7.1　英国卫报

《卫报》的数据新闻是数据新闻发展的一个里程碑。这个设于《卫报》网站上的栏目涵盖环境、文化、时尚、科技、政治、经济、体育、战争、灾难、健康等不同领域，采取的形式有图、表格、地理信息以及各种互动效果图。其形式启发和影响了很多当前的数据新闻媒体。例如，《洛杉矶时报》的"数据桌"（Data Desk）和国内的一些数据新闻栏目等。不同的新闻机构在生产数据新闻时可以采取不同的策略，有的要求记者具备编程能力，而有的则是交给数据分析软件公司，有的购入专门定制的软件工具，有的则使用免费的网络工具。《卫报》的数据新闻团队目前主要由小规模团队构成，其成员在数据新闻界也非常活跃，同时还有非全职的来自《卫报》不同部门的数据新闻记者，从事新闻采编工作。《英国卫报》数据新闻官网链接见本章末二维码中链接11.8。

例如，澳大利亚的温室气体排放量和预测以及与目标的比较如图11.17所示（以百万吨二氧化碳当量为单位）。使用切换开关可以包括或排除土地利用变化（LuluCF），并可以扩展图表以延伸到2050年的净零排放。数据新闻中使用折线图呈现整体的变化趋势，并于不同维度形成对比。

11.7.2　纽约时报

Ben Casselman曾在纽约时报撰文表示："在数据新闻中，技术比人更重要（In Data Journalism, Tech Matters Less Than the People）"，其使用R编程语言处理大量数据集（R是类似Python的用于数据分析的语言）。

① 采访仍然是最好的故事。从其文章中，可以看到其日常的工作方式和工具，文章中写道："如果你在任何一天走过我的办公桌，你会发现我的电脑显示

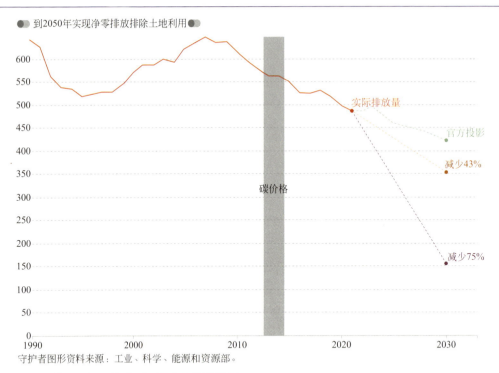

图 11.17 英国卫报－澳大利亚温室气体排放量

器上到处都是图表、电子表格和浏览器标签。我的桌面上也堆满了用了一半的笔记本、打印出来的经济学论文和我值得信赖的TI-86计算器。不过，实际上，我办公桌上最重要的技术是我的固定电话，有些人认为数据新闻意味着盯着电子表格直到故事神奇地出现，但在现实世界中几乎从未发生过，最好的故事几乎总是来自于与人交谈，无论他们是专家还是受我们所写问题影响的普通人。他们提出数据可以回答的问题，或者帮助解释数据揭示的趋势，或者提供数据掩盖的事实。……归根结底，数据不是故事，人才是故事。"

② 其使用R语言作为编程工具，而我们之前的 Python 能达到同样的目的，并提供更多的功能。下面是其使用R进行工作的感受，其文章中写道：我用一种称为R的统计编程语言进行大部分数据分析。它让我可以处理具有数十万甚至数百万行的数据集，而对于Excel等电子表格程序来说，这样的数据集太大了。它还可以轻松地自动执行我定期执行的任务，例如，当劳工部的月度就业报告出炉

时，我只需敲几下键就可以下载新数据并更新我的数据分析。R还有一套很棒的图表制作工具，这是我工作的关键部分。

③ 在工具层面其也开始利用云计算存储数据防止数据丢失。其文章中写道："在硬件方面，我正在运行一些带有多核处理器和大量RAM的热门装备。这些天来，我几乎所有的工作都是在笔记本电脑上完成的。我将一些数据存储在云中，但这主要是因为我不想在我的计算机出现故障时丢失所有数据。"

④ 在组织文化层面，《纽约时报》也形成了体系化的内部培训，将经验传授给内部的记者，让技能不再只局限于个别编辑。其文章中写道：在过去的几年里，《纽约时报》开发了一门课程，向记者和编辑教授基本的数据技能，比如如何审查数据以确保其合法性，如何评估统计数据以及如何使用电子表格程序来探索数据。

《纽约时报》还通过博客"Open"撰文，讨论阐释其团队如何制作数据新闻。其分为工程、数据、产品和设计、会议等板块，通过高质量的博客阐释其制作方法。纽约时报Open官网见本章末二维码中链接11.9，其主页如图11.18所示。

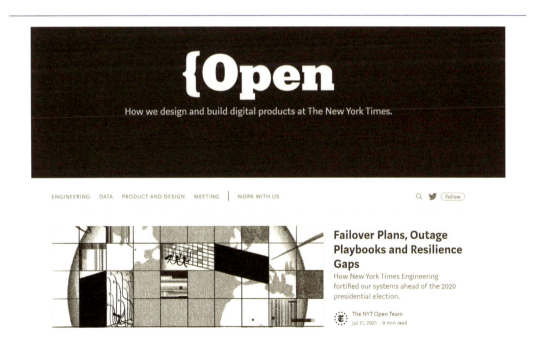

图 11.18　纽约时报 Open 博客

11.7.3 华盛顿邮报

华盛顿邮报也成立了专门的数据新闻部门，并在其主页和特定的新闻中呈现可视化数据。

例如，在"Z 世代青少年如何不小心炸毁了千禧一代的神话（How Gen Z teens accidentally blew up the myth of the lazy millennial）"中，其通过可视化图表呈现，如图 11.19 所示。

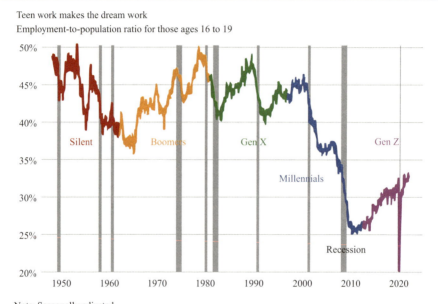

图 11.19　华盛顿邮报可视化图表
（横轴代表年份，纵轴代表 16 到 19 岁的雇员与人口比例，数据来源 Bureau of Labor Statistics）

图中的下滑与上升趋势，引出后面将要介绍的故事，这种方式也非常类似学术论文中对研究动机的呈现。而在本文其他区域没有再使用可视化图表进行展示，这点让当前新闻显得不突兀，更为自然，也是一种进行数据新闻加工和使用数据赋能新闻的方式和手段。

2020 年 12 月，Meghan Hoyer 将作为数据总监领导新的数据新闻部门。2021

年7月，Jeremy Merrill作为嵌入技术团队的数据记者加入到华盛顿邮报的数据团队。从以上两个代表性的总监与记者可以了解到从业者职业生涯经历和华盛顿邮报的数据新闻组织架构。

在关于Meghan的文章中介绍到："Meghan作为数据总监，将领导数据项目，并担任整个新闻编辑室数据驱动故事、图形和可视化的咨询编辑。七名数据记者将向她报告并继续留在他们目前的部门——图形、调查、地铁和国家。"由此可以看到，华盛顿邮报以虚拟团队形式构建数据新闻部门，记者还在各自部门各司其职，这也演化出华盛顿邮报的数据新闻特色，其数据新闻并不像其他新闻媒体作为单独的一个栏目，更多的是在恰当的栏目、恰当的新闻中，嵌入相应的数据和可视化图表，用数据新闻技术辅助相应的新闻呈现。

一个数据新闻记者也需要有一定的极客精神和技术，能够自己动手进行数据分析和处理，形成领域竞争力，才能在数据爆炸的时代洞悉趋势和形成有价值和洞察的数据新闻。

11.7.4　数据新闻网

数据新闻网（DataJournalism.com）由欧洲新闻中心创建并得到谷歌新闻倡议的支持。数据新闻网是一个国外数据新闻社区，其通过图书、博客等多种形式介绍和展示数据新闻的制作手法，其号称是最大的数据新闻社区，其团队相信在新闻中使用数据是在任何新闻编辑室中建立弹性的基石。经过10年运行数据新闻项目的经验，其团队创建了数据新闻网。社区为数据记者提供免费资源、材料、在线视频课程和社区论坛。登录后，用户可以免费注册一门高级在线课程或在论坛与社区中讨论。其还通过会员制与社区让学员和从业者进行交流。

11.7.5　谷歌新闻计划

谷歌新闻计划（Google News Initiative）提供了相应的工具和培训课程，使得想使用谷歌搜索引擎数据的从业者可以利用好谷歌的应用接口和工具制作数据新闻。其还推出相应课程，帮助用户解锁数据新闻世界，讲述深刻、有见地的故事，让用户使用Google工具查找、分析、解释和可视化数据。如图11.20所示。

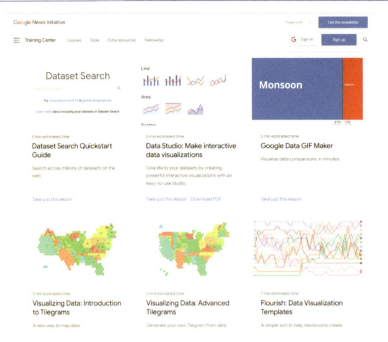

图 11.20　谷歌新闻计划课程

使用的工具：

- Google Sheets（谷歌表格）
- Dataset Search（数据集搜索）
- Quickstart Guide（快速入门指南）
- Google Data GIF Maker（谷歌数据GIF生成器）
- Tilegrams（平铺图）
- Flourish（花体字）
- Google Public Data Explorer（谷歌公共数据浏览器）
- Google Trends（谷歌趋势）
- Global Forest Watch（全球森林观察）
- Election Databot（选择数据机器人）
- Google Permissions（谷歌权限）

官方网站见本章末二维码中链接11.10。

如图11.20所示，在其课程中，通过步骤化和具体的步骤截图，让读者可以学习使用Data Studio（数据工作室）进行交互式图表的制作。这个课程和这些工具适用的场景为用户需要使用谷歌数据以及谷歌工具制作数据新闻时，以上两个条件不一定是记者所处的团队和机构所满足的，但是制作数据新闻的方法、使用的工具类型，对数据新闻的制作也是有借鉴意义，对国内数据新闻从业者思考如何利用中文搜索引擎，以及利用搜索引擎提供的周边工具，进行数据的获取、数据新闻的图表制作，有一定指导意义。

如图11.21所示，教程中会提供详细的步骤和截图，读者可以参考其步骤进行构建。

图 11.21　Google Data Studio（谷歌数据工作室）制作交互可视化图表

扫码获取本章内容
中相关链接

参考文献

[1] 方洁.数据新闻概论.北京：中国人民大学出版社，2019.

[2] 陈积银，曹树林.数据新闻入门教程.西安：西安交通大学出版社，2016.

[3] 李希光，张小娅.大数据时代的新闻学.新闻传播，2013（01）.

[4] 文卫华，李冰.大数据时代的数据新闻报道——以英国＜卫报＞为例.现代传播，2013（5）.

[5] 方洁.全球视野下的"数据新闻"：理论与实践.国际新闻界，2013（6）.

[6] 西蒙·罗杰斯.数据新闻大趋势：释放可视化报道的力量.岳跃，译.北京：中国人民大学出版社，2015.

[7] 菲利普·迈耶.精确新闻报道——记者应掌握的社会科学研究方法.肖明，译.北京：中国人民大学出版社，2015.

[8] 吴小坤.数据新闻：理论承递、概念适用与界定维度.新闻与传播研究，2017（10）.

[9] 李越超.我国新媒体平台可视化新闻的实践及启示.哈尔滨：黑龙江大学，2016.